L'Homme et ses m

R.G. Latham

Writat

Cette édition parue en 2023

ISBN : 9789359258799

Publié par
Writat
email : info@writat.com

Contenu

PRÉFACE.

LES pages suivantes représentent un cours de six conférences prononcées à la Mechanics' Institution de Liverpool, au mois de mars de la présente année ; l'affaire était maintenant portée devant le public sous une forme un peu plus complète et plus systématique que ce qui était compatible avec le prononcé initial.

CHAPITRE I.

L'histoire naturelle ou physique de l'homme - le civil - leur différence - les divisions de l'histoire naturelle ou physique - l'anthropologie - l'ethnologie - jusqu'où les anciens ont poursuivi - Hérodote - jusqu'où les modernes - Buffon - Linné - Daubenton - Camper - Blumenbach — le terme *Caucasien* — Cuvier — la philologie comme instrument d'investigation ethnologique — Pigafetta — Hervas — Leibnitz — Reland — Adelung — Klaproth — l'union de la philologie et de l'anatomie — Prichard — son caractère paléontologique — l'influence de la géologie de Lyell — l'histoire de Whewell les Sciences Inductives.

COMPARONS l' *histoire civile* à l' histoire *naturelle* de l'homme.

L'influence des héros individuels, l'effet des événements matériels, les opérations des idées, l'action et la réaction des différents éléments de la société les uns sur les autres, relèvent du domaine des premiers. Un empire est consolidé, une lutte conclue, un principe affirmé, et l'historien civil les consigne. Il fait plus. S'il est fidèle à sa vocation, il étudie les ressorts de l'action des acteurs individuels, mesure le calibre de leur puissance morale et intellectuelle et prononce un verdict d'éloge ou de blâme sur les motifs qui déterminent leur manifestation. Cela fait de lui un grand professeur de morale et donne une valeur à son domaine de connaissance, ce qui le place à un niveau élevé et particulier.

Traitant des actions et des motivations, il s'occupe presque exclusivement de celles des individus ; à tel point que même lorsqu'il enregistre les mouvements de puissantes masses d'hommes, il constate généralement qu'il y a une seule volonté qui les régule et les dirige ; et même lorsque tel n'est pas le cas, lorsque le mouvement des multitudes combinées est spontané, le ressort de l'action est généralement de nature morale : un dogme s'il est religieux, une théorie s'il est politique.

Une telle histoire ne pouvait pas être écrite pour les animaux bruts, ni *pour* eux. Aucun animal, si ce n'est l'Homme, ne fournit ni ses éléments, ni ses objets ; ni encore le document qui transmet la mémoire des actions passées, même lorsqu'elles sont de la nature la plus matérielle. L'historien civil de notre espèce, ou, pour parler avec la concision que permet le langage courant, l' *historien* , vivant et respirant l'atmosphère particulière de l'humanité et présentant l'homme dans le vaste cercle de l' action morale et intellectuelle, — un cercle dans lequel nul autre que lui ne se déplace, — entreprend son étude là où se termine celle des animaux inférieurs. Tout ce qui est commun à eux et à l'homme appartient au naturaliste. Que chacun ait son point de vue sur l'Arabe ou le Juif. L'un enquête sur l'influence de la Bible et du Coran ;

tandis que l'autre peut demander dans quelle mesure le sang maure s'est mêlé à celui de l'Espagnol, ou remarquer la permanence des traits israélites sous des climats aussi différents que la Pologne, le Maroc ou l'Hindoustan . L'un pensera aux instincts, l'autre aux idées.

Dans quelle partie du monde cela est-il originaire ? Comment s'est-elle répandue à la surface de la Terre ? À quelle période de l'histoire du monde a-t-il évolué ? Où prospère-t-il le mieux ? Où cesse-t-il de prospérer ? Quelles formes prend-il s'il dégénère ? Quelles conditions pédologiques ou climatiques déterminent de telles dégénérescences ? Qu'est-ce qui favorise son amélioration ? Peut-il exister à Nova Zembla ? En Afrique? Dans l'une ou l'autre région ou dans les deux ? Les longues nuits du Pôle blanchissent-elles, les reflets éclatants de l'Equateur approfondissent-ils sa couleur ? etc. Au lieu de multiplier les questions de ce genre, je demanderai à quoi elles s'appliquent. Ils s'appliquent à tout être qui multiplie son espèce sur terre ; à tout animal de la terre ou de la mer ; à tous les légumes également ; à tout être organisé. Ils s'appliquent au singe, au cheval, au chien, à la volaille, au poisson, à l'insecte, au fruit, à la fleur. Ils s'appliquent à ceux-ci – et ils s'appliquent également à l'homme. Ils — et leurs semblables — Légion de nom — communs aux seigneurs et aux ordres inférieurs de la création, constituent l' histoire *naturelle* du genre *Homo* ; et j'utilise le langage du zoologiste dans le but de montrer d'une manière visible et palpable le caractère véritablement zoologique de ce département de science. *L'homme en tant qu'animal* est la devise ici ; tandis que *l'homme en tant qu'être moral* est la devise de l'historien.

Il n'est pas très important que nous appelions cela *histoire naturelle* ou histoire *physique* . Il y a de bonnes autorités des deux côtés. Il importe seulement de voir en quoi elle diffère de l' *Histoire de l'historien* .

L'histoire civile de l'homme a ses divisions. L'histoire naturelle de l'homme en possède également.

La première d'entre elles tire son nom des mots grecs signifiant *homme* (*anthrôpos*) et *doctrine* (*logos*), et est connue sous le nom *d'anthropologie* .

Lorsque le premier couple d'êtres humains se trouvait seul sur la surface de la terre, il y avait alors les matériaux nécessaires à l'anthropologie ; et il en serait ainsi si notre espèce était réduite au dernier homme. Il y aurait une Anthropologie si le monde n'avait d'autres habitants que des Anglais, ou seulement des Chinois ; rien que les hommes rouges d'Amérique, ni rien que les noirs d'Afrique. Si l'uniformité des traits, l'identité de la couleur , l'égalité des statures, la rivalité des capacités mentales étaient si grandes, il y aurait toujours une anthropologie. C'est parce que l'anthropologie traite *de l'homme par rapport aux animaux inférieurs* .

Nous considérons la structure des extrémités humaines et nous nous étendons sur la planéité du pied et la flexibilité de la main. L'une est soumise à la posture droite, l'autre aux innombrables manipulations qu'exige l'industrie humaine. Nous les comparons aux nageoires des poissons, aux ailes des oiseaux ; ce faisant, nous prenons les contrastes les plus extrêmes que nous puissions trouver. Mais nous pouvons aussi prendre des approximations plus proches, *par exemple* les mains des singes supérieurs. Ici nous trouvons la ressemblance aussi bien que la différence ; différence autant que ressemblance. Nous étudions les deux ; et enregistrez le résultat soit en détail, soit par une expression générale. Peut-être dira-t-on que l'un donne les conditions d'une vie arboricole, l'autre celles d'un état social ; le singe est l'habitant des bois, l'homme des villes et des cités ; l'un grimpeur, l'autre marcheur.

Ou bien on compare le crâne de l'homme et celui du chimpanzé ; remarquant que les crêtes et les proéminences de la surface externe, qui dans le premier sont simplement rudimentaires, deviennent des crêtes fortement marquées dans le second. On rappelle alors que l'un est l'ossature des muscles du visage ; l'autre concerne le cerveau.

Tout ce qui se fait de cette manière, c'est de l'anthropologie.

Chaque classe d'êtres organisés a, *mutatis mutandis* , son aspect anthropologique ; de sorte que le chien peut être considéré par rapport au renard qui l'égale, au singe qui excelle, ou au kangourou qui est en deçà de lui dans son approche d'un certain niveau d'organisation ; en d'autres termes, comme *les espèces* et *les genres* ont leurs places relatives dans l'échelle de la création, l'étude de ces relations est co-extensive avec l'existence des classes et des groupes sur lesquels elle repose.

L'anthropologie traite trop de sujets comme ceux-là pour être populaire. A moins de traiter le sujet avec une délicatesse excessive, il y a quelque chose de révoltant pour les esprits exigeants dans la froide contemplation des *différences* du zoologiste.

"Qui montre un Newton comme il montre un singe."

Pourtant, à condition qu'il n'y ait pas de jubilation morbide sur les points de similitude les plus déshonorants , ni d'excitation agréable découlant de la vision rabaissante de notre nature, l'étude n'est *pas* ignoble. En tout cas, cela fait partie de la connaissance humaine et constitue un pas vers la connaissance de soi.

En outre, la relation n'est qu'une question de degré. Nous ne pouvons pas ressembler de manière inappropriée ou désagréable à l' orang-outan ou au chimpanzé. Nous pouvons même être angélomorphes . Néanmoins, nous ressemblons plus à des orangs-outans et à des chimpanzés qu'à toute autre chose sur terre.

L'autre branche de l'histoire naturelle de l'homme s'appelle l'ethnologie, du mot grec signifiant *nation* (*ethnos*).

Il ne s'ensuit nullement que parce qu'il y a une *anthropologie* , *il y a* aussi une *ethnologie*. Il n'existe pas d'ethnologie où il n'y ait qu'un seul couple par espèce. Il n'y aurait pas d'ethnologie si le monde entier était nègre ; aucun si tout le monde était chinois ; aucun s'il n'y avait que des Anglais. La catholicité absolue d'une religion sans sectes, l'uniformité centralisée d'un empire universel sont des types et des parallèles avec une anthropologie sans ethnologie. C'est parce que l'Ethnologie traite *l'Homme dans le respect de ses Variétés* .

Il y aurait une anthropologie s'il existait une seule variété d'humanité.

Mais s'il existait une seule variété d'humanité – et rien d'autre –, il n'y aurait pas d'ethnologie. Ce serait une science aussi impossible qu'un régime politique sur l'île de Robinson Crusoé .

Mais qu'il n'y ait qu'un seul échantillon de conformation corporelle différente quoique similaire. Qu'il y ait un blanc et un noir, ou un noir et un blanc. Alors commence l'ethnologie ; alors même qu'un régime politique commençait sur l'île de Crusoé lorsque son serviteur Friday en devint l'habitant.

Les autres classes d'êtres organisés, bien que, *mutatis mutandis* , aient nécessairement leur équivalent à une anthropologie, peuvent avoir ou non une ethnologie. Le chien en a un ; le chimpanzé n'en a pas, ou bien un insignifiant ; des différences équivalentes à celles qui séparent le chien du lévrier, ou le chien de berger du braque, manquent. Encore une fois, un traité montrant comment le chimpanzé diffère de l' orang-outan d'un côté, et de l'homme de l'autre, serait plus long qu'une dissertation sur la mesure dans laquelle les chimpanzés diffèrent les uns des autres ; pourtant, une dissertation sur les *variétés de chiens* serait plus volumineuse qu'une dissertation sur leurs relations avec le renard. Cela montre à quel point les proportions des deux études peuvent varier selon les espèces considérées. Dans l' *Histoire naturelle de l'Homme* , l'aspect ethnologique est le plus varié. C'est aussi celui qui a été le plus étudié. Chez le cheval ou le mouton, chez beaucoup de volailles domestiques, chez les plantes les plus largement cultivées, l'étude de la *variété* l'emporte sur celle de l' *espèce* . Avec le chien, cela se produit à un degré sans précédent. Mais et si la tribu des chiens avait l'usage du langage ? et si la langue différait selon chaque variété ? Dans un tel cas, l'étude de l'ethnologie canine serait doublement et triplement complexe, même si en même temps les *données* nécessaires à sa réalisation seraient à la fois augmentées et améliorées. Il existe une approche lointaine – *très* lointaine – de ce problème. Le chien sauvage *hurle* ; le compagnon de l'homme seul *aboie* . Il s'agit en soi d'une différence de langage. Ceci est écrit pour préfigurer l'importance de l'étude de la langue en tant qu'instrument d'investigation ethnologique.

Et si la tribu des chiens possédait la pratique de certains arts humains, et si ceux-ci variaient selon la variété ? S'ils enterraient leurs morts ? et leurs tombeaux variaient selon la variété ? si ceux d'une génération duraient des années, des décennies ou des siècles ? L'ethnologie gagnerait encore en complexité et les *données* augmenteraient encore. Les tombes d'une génération antérieure serviraient de traces non écrites des habitudes de sépulture d'une génération antérieure. Ceci est écrit pour préfigurer l'importance de l'étude des antiquités en tant qu'instrument au même titre que la philologie.

Avec les chiens, il y a des impossibilités. Vrai; mais ils servent d'illustrations. Pour l'homme, ce sont des réalités – des réalités qui font de la philologie et de l'archéologie des compléments importants à son histoire naturelle.

Nous avons maintenant déterminé le caractère de l'étude en question ; et vu combien elle diffère de *l'histoire* proprement dite, du moins nous l'avons fait suffisamment pour pouvoir la définir. Un peu de réflexion montrera ses relations avec certaines branches de la science, *par exemple* la physiologie et la science mentale – relation sur laquelle nous n'avons pas le temps de nous étendre davantage. Il suffit de comprendre l'existence d'une branche aussi distincte de la connaissance et de la recherche.

Quelle est la quantité de ces connaissances ? Ceci est proportionné à celui de l'enquête. Qu'est-ce que c'était ? Moins que ce à quoi nous sommes prêts à nous attendre.

« La véritable étude de l'humanité, c'est l'Homme. »

Il s'agit d'une cotation boursière sur le sujet.

« Homo somme ; humani nihil a me alienum puto.

Ceci en est une autre. Comme beaucoup d'apophtegmes du même genre, ils ont plus d'actualité que d'influence, et sont mieux connus que suivis d'effets. Nous connaissons mieux la zoologie de neuf espèces sur dix parmi les animaux inférieurs que celle de notre propre genre. L'importance et l'investigation d'un sujet réellement intéressant sont si peu proportionnées.

C'est une science *nouvelle* , si nouvelle qu'elle a à peine atteint l'époque de l'adolescence. Demandons-nous pourquoi les anciens s'en souciaient.

Nous ne recherchons pas une science systématique dans les Écritures ; et l'ethnologie que nous en tirons est entièrement constituée de remarques fortuites. Ceux-ci, bien que nombreux, sont brefs. Elles ne s'appliquent également qu'à une petite partie de la surface terrestre. C'est pourtant là un sujet d'un intérêt primordial : le berceau de la civilisation et le point de contact des familles asiatiques, africaines et européennes.

La Grèce nous aide davantage : pourtant la Grèce mais peu. Le génie de Thucydide a donné un caractère si précis à l'histoire, l'a mise si exclusivement en contact avec des phénomènes moraux et politiques, par opposition aux phénomènes physiques , et en a si bien fait l'étude de l'homme d'État plutôt que du zoologiste, que peut-être l'élément dit *naturaliste* , exclu à l'heure actuelle, l'a été il y a plus de 2000 ans. Comme cela est très différent du récit hérodotéen légèrement antérieur, dont la forme et l'esprit ont vécu et sont morts avec le grand père du récit historique ! L'histoire de la guerre du Péloponnèse a mis de côté à jamais ce type d'écriture, et la perte de ce que le prototype antérieur aurait pu devenir est un élément important du prix que la postérité devra payer pour le κτ ῆ μ α ε ἰ ς . ἀ ε ὶ de l'Athénien. Dans l'état actuel des choses, cependant, les neuf livres d'Hérodote constituent l'ouvrage le plus ethnologique jamais écrit par un ethnologue déclaré et conscient. Hérodote était un être inconscient et instinctif ; et son ethnologie était d'un caractère suffisamment complet. Il notait les manières, l'apparence physique et le langage ; ses gloses scythe, mède, égyptienne et autres ayant la même valeur aux yeux du philologue intime du siècle présent, que les fossiles les plus rares de quelque formation ancienne ont pour le géologue, ou les pièces de monnaie vénérables pour l'archéologue numismatique . Que son nom soit toujours mentionné avec révérence ; car la manière irrespectueuse dont son témoignage a été traité par certains auteurs récents ne met en cause que l'érudition des cavillers .

Je ne dis pas qu'il n'y ait pas de faits ethnologiques — il se peut que l'on trouve parfois des théories ethnologiques — chez les écrivains grecs ultérieurs ; Je précise seulement qu'ils ne répondent en aucun cas aux attentes suscitées par le nom des auteurs et aux opportunités offertes par la nature de leurs sujets. On trouve quelque chose chez Hippocrate dans la manière de théorie sur l'effet des conditions extérieures, quelque chose chez Aristote, quelque chose chez Platon – rien, cependant, par lequel l'étude de l'homme en tant qu'animal soit reconnue comme une branche substantielle distincte de l'étude. Bien plus : dans les ouvrages où la description de populations nouvelles était particulièrement demandée et où les témoignages de l'écrivain auraient été des plus irréprochables, nous en trouvons infiniment moins qu'il ne devrait y en avoir. Comme nous apprenons peu de choses sur la Perse par la Cyropédie , ou sur l'Arménie par l'Anabase, et pourtant avec quelle facilité Xénophon aurait pu nous en dire beaucoup !

Parmi les successeurs d'Aristote, nous n'en trouvons aucun qui écrive un traité π ερ ì βαρβ ά ρων — pourtant combien naturel le sujet, et quelles grandes opportunités ! — grandes, à cause du commerce du Pont-Euxin et de l'institution de l'esclavage domestique : l'une conduisant le marchand jusqu'à l'extrême Tanaïs , l'autre remplissant Athènes de Thraces, et l'Asie Mineure d'Africains. Les avantages que les Grecs de l'époque de Périclès négligeaient sont les avantages que les Portugais du Brésil négligent aujourd'hui, et que, jusqu'à récemment, les Anglais et les hommes d'État d'Amérique ont également négligés. Et la perte a été grande. Comme le temps et la marée, l'ethnologie n'attend personne ; et, de même que l'Indien d'Amérique disparaît avant l'Européen, certaines populations de l'Antiquité disparaissent également. Le processus d'extinction et de fusion est aussi vieux que l'histoire ; et des familles entières ont sensiblement changé de caractère depuis le début de la période historique. La population actuelle de la Bulgarie, de la Valachie et de la Moldavie est d'introduction récente. Quel était l'ancien ? « Les Thraces et les Getæ » est la réponse. Mais qu'étaient-ils ? « Allemands », dit un écrivain ; « Slaves », un autre ; « une race éteinte », un autre. De sorte qu'il y a des doutes et des divergences d'opinion. Pourtant, nous en savons peu à leur sujet à d'autres égards. Nous connaissons leurs relations politiques ; un peu de leur credo et de leurs manières ; les noms de certaines de leurs tribus. Nous ne connaissons *pas* leur place dans la classification des variétés de notre espèce ; et c'est parce que, bien que les Grecs aient écrit l' *histoire civile* , ils ont négligé l' histoire *physique* de l'homme.

La Thrace, l'Asie Mineure et le Caucase, voilà les régions pour lesquelles les anciens auraient facilement pu laisser des descriptions, et pour lesquelles ils ont négligé de le faire ; l'omission étant irréparable.

Les opportunités du Romain étaient plus grandes que celles du Grec ; et ils étaient mieux utilisés. Des dissertations s'approchant de loin du caractère de l'histoire physique se produisent même chez les purs écrivains historiques de la Grèce. Je fais allusion plus particulièrement à l'esquisse des mœurs et des migrations des anciens Grecs dans le premier, et à l'histoire de la colonisation grecque de la Sicile dans le premier. le sixième livre de Thucydide. Des parallèles à ceux-ci réapparaissent chez les écrivains romains ; et, dans certains cas, leur proportion par rapport au reste du travail est considérable. L'esquisse de Salluste sur l'Afrique du Nord, celle de Tacite sur l'histoire juive sont de cette sorte, et, de loin supérieures aux deux, le récit de César sur la Gaule et la Grande-Bretagne.

La *Germanie* [1] de Tacite est l'approche la plus proche de l'ethnologie proprement dite que l'Antiquité ait fournie. Il est cependant loin de nous donner les faits les plus importants, ni de montrer la *méthode* d'investigation par laquelle l'ethnologie s'oppose le plus particulièrement à l'histoire.

Mais la vraie mesure de l'insouciance des Romains sur ces points doit être prise par la même règle qui s'appliquait à celle des Grecs ; *je . e.* le contraste entre leurs opportunités et leur enquête. L'Italie du Nord, le Tyrol, la Dalmatie, la Pannonie, sont tous restés indéfinis en ce qui concerne les anciennes populations ; pourtant ils étaient tous dans une position favorable pour la description.

Si les écrivains juifs, grecs et romains donnent peu, les littératures qui en dérivent donnent moins ; bien que, bien sûr, il existe une nombreuse sélection de passages importants à faire parmi les auteurs du Moyen Âge, ainsi que parmi les historiens byzantins. À cela s'ajoute l'avantage supplémentaire que la Grèce et Rome ont cessé d'être les seuls pays jugés dignes d'être écrits. Une histoire gothique, slave, mauresque fait désormais son apparition. Pourtant , ce ne sont que des histoires *civiles* , et non *naturelles* . Cependant, notre sphère d'observation s'agrandit, le nombre de membres de la famille humaine augmente et nos archives augmentent. Néanmoins, pour le *naturaliste,* les faits ne se produisent qu'accidentellement.

De la littérature orientale, je ne peux que donner mon *impression* ; et, en ce sens, il est en faveur du fait que les déclarations chinoises ont le plus de valeur ethnologique, et les déclarations indiennes le moins ; en effet, la première nation semble avoir lié l'attention de la population occupante à l'attention de la zone occupée, avec une proximité louable et suffisante. Je crois également que plusieurs différences linguistiques sont également soigneusement notées. Pourtant, l'ethnologie telle que celle-ci est un produit des œuvres en question plutôt que de leur sujet.

Nous arrivons maintenant à des époques plus proches de la nôtre. Pour une esquisse comme celle-ci, la *science* commence lorsque la *classification* des variétés humaines est tentée pour la première fois. En attendant, nous devons nous rappeler que l'Amérique a été découverte et que nos opportunités diffèrent désormais de celles des anciens, non seulement en degré mais en nature. Le champ a été infiniment élargi ; et le monde est devenu connu dans ses extrémités aussi bien que dans ses parties médianes. Les naturalistes humains antérieurs à Buffon et à Linné sont comme les grands hommes avant Agamemnon. Une minutieuse histoire littéraire proposerait sans doute quelques noms pour cette période ; en effet, pour certains départements de l'étude, il y en a quelques-uns d'excellents. Pourtant , cela commence au temps de Linné et de Buffon, Buffon le premier par le mérite. Cet écrivain estimait qu'une *Histoire générale de l'homme* , ainsi qu'une *Théorie de la Terre* , étaient une partie nécessaire de son grand ouvrage ; et, en ce qui concerne le premier sujet, il pensait avec raison. C'est encore là où il a le mieux réussi. Conscient de son importance, il en voyait clairement les divisions ; et après huit chapitres sur la croissance de l'homme, sa décadence et ses sens, il en consacre un neuvième, aussi long que les autres réunis, à l'examen des variétés de l'espèce *humaine* . « Tout ce que nous avons avancé jusqu'ici, écrit-il maintenant, se rapporte à l'homme en tant qu'individu. L'histoire de l'espèce exige un détail séparé, dont les faits principaux ne peuvent être tirés que des variétés qu'on trouve chez les habitants des différentes régions. De ces variétés, la première et la plus remarquable est la couleur , la seconde la forme et la taille, et la troisième la disposition. Considéré dans son ampleur, chacun de ces objets pourrait offrir les matériaux d'un volume [2] .» Personne n'a besoin de tracer une ligne plus claire entre l'anthropologie et l'ethnologie. De la classification systématique, que la philologie a si particulièrement encouragée, aucun signe n'apparaît dans son traité ; d'un autre côté, son appréciation des effets des différences de conditions physiques est fondée sur le fond et clairement exprimée. C'est à cela qu'il attribue le contraste entre le Noir, l'Américain et l'Africain et, par suite naturelle, il s'engage sans équivoque dans la doctrine de l'unité de l'espèce.

Linné prenait moins conscience de l'espèce à laquelle il appartenait ; la mention dans la première édition du *Systema Naturæ* étant la suivante : -

QUADRUPÈDES .

Corpus hirsutum , pedes quatuor , feminæ viviparæ , lactifères .

ANTHROPOMORPHES.

Dents primaires iv. utrinque vel nulli.

HOMO	nez l' ipsum			H.	Europe albescens . Americanus rubescens . Asiaticus fuscus . Africanus niger .
	Avant Riores .		Poste - Riores .		
SIMIA	*Chiffre* 5.		*Chiffre* 5.		Simia, queue carens . Papio . Satyre .

	Postérieures comparaisons antérieures .			Cercopithèque. Cynocéphale.
BRADYPUS	*Chiffre* 3.	niveau 2.	*Chiffre* 3.	Ai— *inavus* . Tardigradus .

Or, Buffon et Linné limitent tous deux leur étude de la structure corporelle de l'homme aux phénomènes de couleur , de peau et de cheveux ; en d'autres termes, aux *parties dites molles* .

Du mot grec *ostéon* = *os* , nous avons le terme anatomique *ostéologie* = *étude du squelette osseux* .

Cela commence par les recherches du contemporain et collaborateur de Buffon. Daubenton a d'abord attiré l'attention sur la *base du crâne* et, parmi ses parties, sur le *foramen ovale* tout particulièrement. Par le *foramen ovale* , la moelle épinière se prolonge dans le cerveau, ou, en changeant l'expression, le cerveau se prolonge dans la moelle épinière ; tandis que par ses attaches le crâne est relié à la colonne vertébrale. Plus ce point de jonction, pivot sur lequel tourne la tête, est au *centre* de la base du crâne, plus les conditions de la posture droite de l'homme sont remplies ; le contraire étant le cas si le *foramen* est situé en arrière, comme c'est le cas chez le singe par rapport au Nègre, et, dans certains cas, chez le Nègre par rapport à l'Européen. Je dis *dans certains cas* , parce que la position en arrière du *foramen ovale* chez le Nègre n'est en aucun cas ni définie ni constante. Or la constatation des variations de position du *foramen ovale* — un des premiers spécimens de critique ethnologique appliquée aux *parties dures* du corps humain — est liée au nom de Daubenton .

L'étude du crâne — car le squelette divise désormais l'attention des chercheurs avec la peau et les cheveux — de *profil* est liée à celle de Camper. Cela nous amène à son *angle de visage* bien connu . Cela signifie à quel point le front *a reculé* ; incliné vers l'arrière à partir de la racine du nez dans certains cas, et dans d'autres s'élevant perpendiculairement au-dessus du visage.

Or l'ostéologie de Daubenton et Camper était celle que Blumenbach avait trouvée en *abordant* le sujet. C'était quelque chose ; mais pas beaucoup.

En 1790, Blumenbach publia sa description anatomique de dix crânes — sa première décennie — établie dans le but particulier de montrer comment certaines variétés de l'humanité différaient les unes des autres par la conformation d'un organe aussi important que le crâne d'un être raisonnable — un étant ainsi distingué et caractérisé.

Il poursuivit ses recherches ; publiant à intervalles semblables des décennies, au nombre de six. En 1820, il ajouta à la dernière une pentade, de sorte que la liste entière s'élevait à soixante-cinq.

C'est dans la troisième décennie, publiée en 1795 après JC, qu'un malheureux crâne de femme géorgienne fit son apparition. Il faudrait en retracer l'historique. Son propriétaire fut enlevé par les Russes et, après avoir été transféré à Moscou, il mourut subitement. Le corps fut examiné par le professeur Hiltenbrandt et le crâne présenté à De Asch de Saint-Pétersbourg. De là, il atteint la collection de Blumenbach, dont il semble avoir été le joyau : « *universus hujus cranii habitus tam elegans et venustus, ut et tantum non semper vel indoctorum, si qui collectionem meam contemplentur, oculos eximia sua proportionis formositate feriat* » . Cet éloge est suivi de la description. Et ce n'est pas tout. L'anatomiste possédait un moulage en plâtre de l'un des plus beaux bustes du musée Townley. Il a comparé les deux ; "et ils étaient si étroitement d'accord que vous pouviez prêter serment sur l'appartenance de l'un à l'autre" - " *adeo istud huic répondere vides, ut illud hujus prototypo quondam inhæsisse pejerares* ." Enfin, il termine par un extrait de Chardin, élogieux avec enthousiasme sur la beauté des femmes de Géorgie, et ajoute que son crâne vérifie *le panégyrique* : *gentis pulcritudine vel in vulgus nota sunt.* »

À la fin de la décennie en question, il utilisa les épithètes mongol, éthiopien et caucasien (*Caucasia varietas*).

Dans le suivant (1808), il parle de la beauté excessive, de l'idéal, du caractère normal de son crâne géorgien ; et parle de ses recherches ostéologiques ayant établi une division quinaire de l'Espèce Humaine ; les nommer - 1. Le *Caucasien* ; 2. Le Mongol ; 3. L' Éthiopien ; 4. L'Américain ; et 5. Le Malais.

Telle est l'origine du terme *Caucasien* ; terme qui a fait beaucoup de mal en ethnologie ; terme auquel Blumenbach lui-même accordait une valeur indue et ses partisans une signification totalement fausse. Cela sera vu dans quelques pages. La classe caucasienne de Blumenbach contenait—

- 1. La plupart des Européens.

- 2. Les Géorgiens, les Circassiens et autres familles du Caucase.

- 3. Les Juifs, les Arabes et les Syriens.

La même année que la quatrième décennie de Blumenbach, John Hunter a témoigné de la valeur de l'étude de Man to Man, par une thèse avec une citation d' Akenside sur la page de titre :

« ———————— le vaste Ouest et toutes les régions grouillantes du Sud, ne résistent pas à l' envolée curieuse de la connaissance à moitié aussi tentante et aussi belle, comme d'homme à homme. »

Son traité était une dissertation inaugurale, et je le mentionne simplement parce qu'il a été écrit par Hunter et dédié à Robertson.

Cuvier , dans son *Règne Animal* , donne assez longuement les caractères anthropologiques de l'Homme, et le place comme la seule espèce du genre *Homo* , seul genre de l'ordre *Bimana = à deux mains* ; les singes étant *Quadrumana = à quatre mains* . Ce fut la grande reconnaissance pratique de l'Homme dans ses relations zoologiques.

En ce qui concerne l'Ethnologie, la classification de Blumenbach a été modifiée — et cela en augmentant sa généralité. Les divisions primaires absolues furent réduites à trois, le Malais et l'Américain étant, non sans hésitation, subordonnés au Mongol. Pendant ce temps, une importance supplémentaire était accordée au groupe composé des Australiens d'Australie et des Papous de Nouvelle-Guinée. Cependant, au lieu d'être définitivement placé, il a été laissé pour une enquête plus approfondie.

L'abus du terme Caucasien a été encouragé. Blumenbach avait simplement voulu dire que son spécimen préféré présentait les meilleurs points au plus haut degré. Cuvier parle de traditions qui attribuent l'origine de l'humanité aux soi-disant chaînes de montagnes – traditions sans diffusion générale et de moindre valeur ethnologique.

Le moment est désormais venu de jeter un regard rétrospectif sur le sujet dans certaines autres de ses branches. La couleur , les cheveux, la peau, les os, la stature : tout cela sont des points de conformation ou de structure *physique ;* matériel et anatomique; points que le pied à coulisse ou le scalpel explore. Mais la couleur , les cheveux, la peau, les os et la stature ne sont pas les seules caractéristiques de l'homme ; ni encore les seuls points sur lesquels les membres de son espèce diffèrent les uns des autres. Il y a la *fonction* aussi bien que l'organe ; et les parties de notre corps doivent être considérées aussi bien par rapport à ce qu'elles *font* que par rapport à ce qu'elles *sont* . Cela soulève les questions des phénomènes de croissance et de décadence, de la durée moyenne de la vie, de la reproduction et d'autres fonctions connexes. Ceci, la partie physiologique plutôt que purement anatomique du sujet, nécessite en soi un bref exposé. *A priori* , nous sommes enclins à dire qu'elle serait étroitement unie, dans la pratique de l'investigation, à ce qui lui est si étroitement allié comme branche de la science. Pourtant, tel n'a pas été exactement le cas. Les anatomistes étaient aussi des physiologistes ; et lorsque Blumenbach décrivait un crâne, il pensait certainement à la puissance, ou au manque de puissance, du cerveau qu'il contenait. Mais les spéculateurs en physiologie n'étaient pas aussi des anatomistes. De tels spéculateurs existaient pourtant. Un historien aspire à la philosophie. Il y a certains faits dont il pourrait rendre compte ; d'autres sur lesquels il construirait un système. Les climats chauds favorisent la précocité des fonctions sexuelles. Ils précipitent également le déclin des attraits de la jeunesse. Ainsi, une femme qui est mère à douze ans est devenue trop belle à vingt ans. Il s'ensuit que la puissance mentale et les attirances personnelles se désunissent nécessairement. D'où la tendance des mâles à prendre successivement épouses ; par lequel il est démontré que la polygamie trouve son origine dans une loi de la nature.

Je ne demande pas si cela est vrai ou faux. Je rappelle simplement au lecteur qu'à partir du moment où de telles remarques surviennent, l' histoire *naturelle* de l'Homme est reconnue comme un ingrédient de l' *histoire civile* .

Les principaux écrivains qui ont développé les faits réels et supposés de l' *histoire naturelle de l'Homme* , sans être des ethnologues déclarés, furent Montesquieu et Herder. En faisant la publicité du sujet, ils en ont fait la promotion. Il est douteux qu'ils aient fait davantage.

Nous sommes encore dans le domaine *physique* phénomènes ; et les caractéristiques purement intellectuelles, mentales ou morales de l'homme doivent encore être prises en compte. Quelles divisions se fondaient sur la différence entre les arts du Nègre et les arts du Parisien ? Qu'en est-il du contraste entre les despotismes de l'Asie et les constitutions de l'Europe ? Qu'en est-il entre le cannibalisme de la Nouvelle-Zélande et le régime alimentaire relativement graminivore des Hindous ? Il ne manquait pas de naturalistes qui, même en *histoire naturelle,* insistaient sur la grande valeur de tels personnages, aussi immatériels et supra-sensuels qu'ils soient. Le chien et le renard, le lièvre et le lapin étaient de même forme ; différents par leurs habitudes et leur caractère – mais ce dernier fait devait être reconnu. Bien plus, cela contribuait à vérifier les distinctions spécifiques que les simples différences de forme pouvaient laisser douteuses.

Tout ce qu'on peut dire à ce sujet, c'est qu'aucune branche du sujet n'a été étudiée plus tôt que celle qui traitait des mœurs et coutumes des nations étrangères ; tandis qu'aucune de ses branches n'était et n'est à moitié aussi défectueuse que celle qui nous enseigne leur valeur en tant que caractéristiques. Avec dix écrivains familiers avec les mêmes faits, il y aura dix manières différentes de les apprécier :

"Manserunt hodieque manent vestigia ruris."

En 1851, c'est la partie la plus faible de la science.

Cependant, à une exception près, aussi indéfinie et inappréciable que puisse être la valeur ethnologique de différences telles que celles qui existent entre les superstitions, les sentiments moraux, les affections naturelles ou les habitudes industrielles de différentes familles, il est un grand phénomène intellectuel qui, en définitive, cède à aucune caractéristique du tout, je veux dire le langage. Quoi qu'on puisse dire contre certaines exagérations quant à la constance, il est un fait incontestable que l'identité de la langue est *à première vue* une preuve de l'identité d'origine.

Aucun homme raisonnable ne l'a nié. Ce n'est pas *concluant*, mais *à première vue*, cela l'est sans aucun doute. On ne peut pas en dire plus sur la couleur, la peau, les cheveux et le squelette. Peut-être pas tellement.

Encore une fois, un langage sans être identique peut être similaire ; de même que des individus sans être frères ou sœurs peuvent être cousins germains ou germains. La similarité est donc, à *première vue*, une preuve de relation.

Cette similitude peut enfin être pesée, mesurée et exprimée numériquement ; un *élément* important dans sa valeur. Sur 100 mots dans deux langues alliées, un pourcentage compris entre 1 et 99 peut coïncider. La langue est donc un test *définitif*, ne serait-ce que cela. Il contient une autre recommandation : ou peut-être devrais-je dire commodité. On peut l'étudier dans le placard : de sorte que pour un voyageur qui décrit ce qu'il voit dans quelque pays lointain, il peut y avoir vingt savants à l'œuvre dans les bibliothèques d'Europe. Ce n'est que partiellement le cas de l'ostéologue.

L'ethnologie philologique a commencé il y a longtemps ; bien avant que l'ethnologie, ou même l'anthropologie – qui est née plus tôt – n'aient eu soit une existence distincte consciente, soit un nom. Cela commença avant même les recherches physiques de Buffon.

« Il y a plus dans la langue que dans aucune de ses productions. » Beaucoup de ceux qui ne sous-estiment en rien les grandes productions littéraires se joignent à cela : en fait, cela revient simplement à dire que la langue grecque est un fait plus merveilleux que les poèmes homériques ou que les Drame eschylien . Mais ceci n'est qu'une expression d'admiration devant la construction d' un instrument aussi merveilleux que la parole humaine.

« Quand l'histoire est silencieuse, le langage est une preuve » : c'est un aveu explicite de sa valeur en tant qu'instrument d'investigation.

Je ne peux associer aucune de ces paroles ; même si je tiens fermement aux deux. Ils doivent nous préparer à un nouveau terme : *l'école philologique de l'ethnologie* , *le principe philologique de classification* , *l'épreuve philologique* . Le pire qu'on puisse en dire, c'est qu'il était isolé. Les philologues commencèrent à travailler indépendamment des anatomistes, et les anatomistes indépendamment des philologues. Et ainsi, à une grande exception près, ils ont continué.

Pigafetta , l'un des circumnavigateurs avec Magalhaens , fut le premier à collecter des spécimens des dialectes illettrés des pays qui offraient des opportunités.

L'abbé Hervas, au XVIIe siècle, publia son Catalogue des Langues et l'Arithmétique des Nations, parties d'un ouvrage vaste et remarquable, le *Saggio del Universo* . Il collecta ses *données* grâce à une correspondance presque illimitée avec les missionnaires jésuites de la Propagande.

L'esprit global de Leibnitz ne s'était pas seulement appliqué à la philologie, mais il avait clairement vu son influence sur l'histoire. Un article sur la langue basque est un échantillon de l'ethnologie de l'inventeur des Fluxions.

Reland a écrit sur la large diffusion de la langue malaise ; critiquait certains vocabulaires des îles des mers du Sud de Hoorn, Egmont, Ticopia (alors appelée île Cocos) et de l'archipel de Salomon, et donnait de la publicité à un fait qui reste encore mystérieux aujourd'hui : l'existence de mots malais dans la langue de Madagascar.

En 1801 , Adelung *Des Mithridates* apparurent, contenant des spécimens de toutes les langues connues du monde ; un ouvrage aussi classique pour le philologue comparé que les Commentaires de Blackstone le sont pour le juriste anglais. Le Supplément de Vater (1821) est un supplément d' Adelung ; de Jülg (1845) à celui de Vater .

Celui de Klaproth est l'autre grand classique de ce rayon. Ses *Asia Polyglotta* et *Sprachatlas* nous donnent la classification de toutes les familles d'Asie, selon les *vocabulaires* représentant leurs langues. Il est douteux qu'une comparaison entre leurs différentes *grammaires* fasse la même chose ; puisqu'il ne s'ensuit nullement que les témoignages des deux coïncident.

Klaproth et Adelung ont la même importance en *philologie* que Buffon et Blumenbach ont en ethnologie *zoologique* .

Blumenbach *appréciait* la méthode philologique : mais le premier qui *combina* les deux fut le docteur Prichard. Sa profession lui a donné la physiologie nécessaire ; et qu'il était un philologue parmi les philologues est démontré non seulement par de nombreux détails dispersés dans ses écrits, mais aussi par son « Origine orientale des nations celtiques » – l'ajout le plus précis et le plus souhaité qui ait été fait à la philologie ethnographique. Je ne dis rien des détails de l'excellent travail du Dr Prichard. Que ceux qui doutent de sa valeur tentent de s'en passer.

Mais il manque encore quelque chose. La relation des sciences avec les autres branches du savoir reste à préciser. En anthropologie, le cas est assez clair. Elle entre en contact partiel avec les sciences naturalistes (ou celles fondées sur le principe de classification) et biologiques (ou celles fondées sur l'idée d'organisation et de vie).

L'ethnologie est cependant plus indécise quant à sa position. S'il ne s'agit que d'une forme d'histoire, sa place parmi les sciences inductives est équivoque ; puisque ni les lois qu'elle développe ni la méthode pour la poursuivre ne lui donnent ici sa place. Ceux-ci le mettent dans la même catégorie qu'une série de dossiers tirés de témoignages ou qu'un livre de voyages, littéraire mais non scientifique. Et c'est effectivement le cas dans une certaine mesure. Deux productions remarquables ont cependant déterminé que ses relations étaient différentes.

Dans les « Principes de géologie » de Sir C. Lyell, nous avons un échantillon élaboré de raisonnement allant du connu à l'inconnu et de l' *inférence des causes à partir des effets* . Il aurait été déshonorant pour notre philosophie de négliger un tel échantillon de logique mis en pratique.

Peu de temps après, parurent les œuvres éminemment suggestives, *par nobile* , de l'actuel maître du Trinity College de Cambridge. On nous enseigne ici que dans les sciences de la géologie, de l'ethnologie et de l'archéologie , la *méthode* détermine le caractère de l'étude ; et que dans tout cela nous raisonnons à rebours. *Effets* présents que nous connaissons ; nous connaissons également leurs *causes* aussi loin que la période historique remonte. Au-delà de cela, nous pouvons encore raisonner – raisonner à partir de l'expérience que la période historique nous a fournie. Le climat, par exemple, et certaines autres conditions ont *un certain* effet ; dans les limites d'une génération une petite, dans celle d'un millénaire une plus grande. Par conséquent, avant de rejeter une différence comme inexplicable, nous devons étudier les changements qui ont pu la produire, les conditions qui ont pu déterminer ces changements et le temps requis pour que leur influence se manifeste.

Dans le « Discours d'anniversaire » du Dr Prichard prononcé devant la Société Ethnologique de Londres en 1847 – ouvrage publié après la mort de son illustre auteur – cette relation avec la Géologie est clairement reconnue : « La Géologie, comme chacun le sait , n'est pas une compte de ce que la nature produit aujourd'hui, mais de ce qu'elle a produit il y a longtemps. Il s'agit d'une enquête sur les changements que la surface de notre planète a subis au cours des siècles . Les faits sur lesquels sont fondées les déductions de la géologie sont recueillis dans diverses parties de l'histoire naturelle. L'étudiant en géologie s'intéresse aux processus naturels qui se déroulent actuellement, mais dans le but d'appliquer les connaissances ainsi acquises à l'étude de ce qui s'est produit dans le passé et de retracer, dans les différentes couches de la Terre, croûte - affichant, comme ils le font, des reliques de diverses formes de vie organique - la série de créations répétées qui ont eu lieu. Cette recherche appartient évidemment à *l'Histoire* ou *à l'Archéologie* , plutôt qu'à ce qu'on appelle *l'Histoire Naturelle* . Par un savant écrivain, dont le nom sera toujours associé aux annales de la British Association, le terme paléontologie a été appliqué à juste titre aux sciences de ce département, pour lesquelles l'archéologie physique peut être utilisée comme synonyme. La paléontologie comprend à la fois la géologie et l'ethnologie. La géologie est l' archéologie du globe, l'ethnologie celle de ses habitants humains.

Lorsque l'ethnologie perd son caractère paléontologique , elle perd la moitié de ses éléments scientifiques ; et la reconnaissance pratique et décidée de ce fait devrait être la caractéristique de l'école anglaise des ethnologues.

Ce chapitre se terminera par l'indication des incidences de la méthode paléontologique sur l'une des parties les plus difficiles de l'ethnologie, à savoir. l'identification de populations anciennes, ou la répartition des nations mentionnées par les écrivains classiques, scripturaires et orientaux plus anciens parmi les souches et familles existantes ou éteintes de l'humanité.

Il y a les Étrusques : qui étaient-ils ? Les Pélasges, qui étaient-ils ? Les Huns qui envahirent l'Europe au Ve siècle ; les Cimmériens qui ont dévasté l'Asie, 900 ans plus tôt ? L'archéologie répond à certaines de ces questions ; et le témoignage des écrivains anciens nous aide dans d'autres. Pourtant, les deux induisent en erreur, peut-être presque aussi souvent qu'ils nous orientent correctement. S'il n'en était pas ainsi, les divergences d'opinions seraient moindres.

Néanmoins, jusqu'à présent, le fait principal concernant de telles populations a toujours été le témoignage de quelque historien ou géographe ancien, et la première question qui a été posée est : Que disent *Tacite* , *Strabon*, *Hérodote*, *Ptolémée* , etc. etc.? Entre des mains critiques, les enquêtes vont plus loin ; et les déclarations sont comparées, les témoignages mis en balance les uns contre les autres, les possibilités de connaissance et l'honnêteté dans l'enregistrement des auteurs respectifs enquêtés. De cette manière, une esquisse de la Grèce antique par Thucydide a une valeur que l'autorité d'un écrivain moindre ne lui donnerait pas, et ainsi de suite pour d'autres. Néanmoins, ce que Thucydide a écrit, il l'a écrit à partir d'un rapport et de déductions – rapport, très probablement, soigneusement pesé et déductions légitimement tirées. Pourtant les sources d'erreurs, dont il ne peut être tenu responsable, sont innombrables. Il s'est appuyé sur des preuves par ouï-dire – il les a peut-être passées au crible ; mais il s'est quand même basé uniquement sur des preuves par ouï-dire. Comment valorisons-nous de telles preuves ? Par les probabilités naturelles du compte qu'il constitue. Par quels moyens pouvons-nous les vérifier ?

Je soutiens qu'il n'y a qu'une seule mesure ici : l'état existant des choses tel que connu de nous-mêmes ou connu de nos contemporains capables de les connaître à la période la plus proche de l'époque considérée. Nous examinons cela comme l'effet d'une cause antérieure – ou d'une série de causes. Πο ῦ στ ῶ ; dit le savant. Sur la parole de tel ou tel auteur. Πο ῦ στ ῶ ; dit l'ethnologue archimédien. Sur le dernier fait témoigné.

Les pages et les pages que les neuf dixièmes des historiens accordent au mystérieux *Pélasgi* sont un exemple du caractère insatisfaisant de tout ce qui manque de témoignages contemporains dans l'identification des nations anciennes. Ajoutez Niebuhr à Müller, et Thirlwall à Niebuhr, Pélion à Ossa, et Olympus à Pélion, et à quels *faits* arrivons-nous, des faits sur lesquels nous pouvons nous appuyer comme tels, des faits étayés par des preuves contemporaines et enregistrés dans l'opportunité d'être vérifiés ? Juste les trois reconnus par M. Grote ; à savoir. que leur langue était parlée à Khreston , qu'elle était parlée à Plakeæ , qu'elle différait, dans une certaine mesure, du grec.

C'est tout ce que reconnaît l'ethnologue ; et c'est à partir de là qu'il argumente comme il peut. Chaque fait, moins bien étayé par des preuves directes ou traçables, il traite avec indifférence. Cela peut être une bonne chose dans l'histoire ; mais ce n'est pas bon pour *lui* . Il a trop d'utilité pour l'utiliser, trop de choses à construire dessus, trop d'arguments pour en tirer parti, pour lui permettre d'être autrement qu'inattaquable.

Encore une fois, Tacite porte sa *Germanie* jusqu'au Niémen, de manière à inclure les pays actuels du Mecklembourg, de la Poméranie, du Brandebourg, de la Prusse occidentale et orientale et de la Courlande. Est-ce improbable en soi ? Non. La superficie n'est en aucun cas démesurée. Est-ce improbable si l'on considère l'état actuel des pays en question ? Non, ils sont allemands à l'heure actuelle. Est-ce improbable de toute façon ? et si oui, dans quoi ? Oui. Cela devient improbable si l'on considère que les Allemands d'aujourd'hui ont été des immigrants aussi sans équivoque et sans doute récents pour les régions en question, que le sont les Anglais de la vallée du Mississippi, et qu'au début de la période historique, ils étaient tous slaves. , avec rien que la phraséologie de Tacite pour nous empêcher de croire qu'ils l'ont toujours été. Mais il est également improbable qu'un écrivain aussi respectable que Tacite se trompe. Accordé. Et ici commence le conflit des difficultés. Néanmoins, le fait ethnologique primordial est l'état de choses tel qu'il existait lorsque les pays considérés ont été connus pour la première fois avec précision, ajouté à la probabilité ou à l'improbabilité qu'ils aient existé ainsi pendant une certaine période antérieure, comparée à la probabilité ou à l'improbabilité de leur existence. les migrations et autres hypothèses nécessaires à sa récente introduction.

NOTES DE BAS DE PAGE

[1] La valeur de Tacite en tant qu'autorité est minutieusement étudiée dans une édition ethnologique de la *Germania* par l'auteur du présent auteur, actuellement en cours de publication. Le but du présent chapitre est simplement de montrer à quel point la science en question est d'origine récente plutôt qu'ancienne.

[2] Traduction de Barr, vol. iv. p. 191.

CHAPITRE II.

L'ethnologie - ses objets - les principaux problèmes qui s'y rattachent - questions prospectives - transferts de populations - Extrait de Knox - corrélation de certaines parties du corps avec certaines influences extérieures - parties moins sujettes à de telles influences - questions rétrospectives - l'unité ou la non- unité de notre espèce - opinions - pluralité d'espèces - multiplicité des protoplastes - doctrine du développement - Dokkos - Extrait - antiquité de notre espèce - son origine géographique - le terme *race* .

DANS Cuvier — chez lui — nous trouvons prédominante la vision anthropologique du sujet ; et c'est ce que nous attendons de la nature du travail dans lequel cela se produit : le degré dans lequel un genre ou une espèce diffère de l'espèce ou du genre qui lui est voisin étant la considération particulière du naturaliste systématique. Exposer nos variétés aurait nécessité une monographie spéciale.

Chez Prichard, au contraire, l'ethnologie prédomine ; d'anthropologie, au sens strict du mot, il y en a peu ; et l'ethnologie est d'une nature large et complète. Il y a une description, il y a une classification ; mais, à côté de cela, une grande partie de l'ouvrage est consacrée à ce que l'on peut appeler *la dynamique ethnologique* , c'est-à-dire la dynamique ethnologique . e. l'appréciation de l'effet des conditions externes du climat, de la latitude, du niveau relatif de la mer, etc. sur le corps humain.

Prichard est le grand répertoire des faits ; et lu avec le commentaire de Whewell, il nous donne la Science sous une forme suffisamment complète pour pouvoir être détaillée, et suffisamment systématique pour servir de base à une généralisation ultérieure. Il faut cependant le lire avec le commentaire déjà mentionné. Dans le cas contraire, il échoue dans son élément le plus intellectuel ; et devient un système de simples enregistrements, plutôt qu'une série d'inférences subtiles et particulières. Alors lu, cependant, il nous donne nos faits et nos classifications sous une *forme fonctionnelle* . En d'autres termes, la Science a désormais pris sa véritable place et son véritable caractère.

S'il fallait aller plus loin – et pour l'anthropologie, certains pourraient penser que Cuvier est trop bref, et Prichard trop exclusivement ethnologique – les travaux de Lawrence constituent le complément. Ceux-ci, avec Adelung et Klaproth, forment le *Thesaurus Ethnologus* . Mais les faits qu'ils fournissent sont comme l'épée du guerrier mahométan. Sa valeur dépendait du bras qui le maniait ; et c'est le cas ici. Aucun livre n'a encore été écrit qui puisse implicitement être considéré comme bien plus que ses *faits* . Ses conclusions et sa classification doivent être *critiquées* . Quoi qu'il en soit, en 1846, M. Mill écrit que « concernant la nature physique de l'homme, en tant qu'être organisé, il y a eu de nombreuses controverses, qui ne peuvent prendre fin que par la reconnaissance générale et l'emploi de règles plus strictes ». des règles d'induction que celles communément reconnues ; il existe cependant un ensemble considérable de vérités que tous ceux qui se sont intéressés au sujet considèrent comme pleinement établies, et il n'existe actuellement aucune imperfection radicale dans la méthode observée dans ce domaine scientifique par ses professeurs modernes les plus éminents.

Cela n'aurait pas pu être écrit il y a trente ans. Le *département des sciences* aurait donc été indéfini ; et les *professeurs* n'auraient pas été *distingués* .

Il vaudrait peut-être mieux dire maintenant ce que l'ethnologie et l'anthropologie ne sont *pas* . Leurs relations avec l'histoire ont été étudiées. *L'archéologie* illustre chacun d'entre eux ; mais dès qu'on le confond avec l'un ou l'autre, le mal s'ensuit. *La psychologie* , ou science des lois de l'esprit, a avec elles le même rapport que *la physiologie* — *mutatis mutandis* ; *c'est-à-dire* mettre l'Esprit à la place du Corps.

Mais plus proches que l'une ou l'autre sont ses deux études subordonnées, l'Éthologie [3] , ou la Science du Caractère, par lesquelles nous déterminons le genre de caractère produit conformément aux lois de l'Esprit, par *n'importe quel* ensemble de circonstances, *physiques* aussi bien que morales ; et la Science de la Société qui étudie l'action et la réaction des masses associées [4] les unes sur les autres.

Telle est donc notre science ; que le principe de la division du travail exige d'être clairement délimités pour être exploités avantageusement. Et maintenant nous nous demandons la nature de ses *objets* . Cela n'a pas grand-chose à voir avec l'établissement de *lois* d'une remarquable généralité ; une circonstance qui, aux yeux de certains, peut soustraire à sa valeur en tant que science ; l'approche la plus proche de quelque chose de ce genre est la déclaration générale impliquée dans les classifications elles-mêmes. Son véritable objet est la solution de certains *problèmes* — problèmes qu'elle étudie selon sa méthode particulière — et de problèmes suffisamment hauts, profonds, longs et larges pour satisfaire les plus ambitieux. Tous ces éléments se rapportent à deux têtes et se rattachent soit à l' *histoire passée* , soit à l' histoire *future* de notre espèce ; son *origine* ou *sa destination* .

On voit entre le Noir et l'Américain une certaine différence. Est-ce que cela a toujours existé ? Si non, comment a-t-il été réalisé ? Par quelles influences ? A quelle heure ? Vite ou lentement ? Ces questions nous renvoient au passé et nous obligent à réfléchir à ce qui *a été* .

Mais la suite nous fait avancer. De grandes expériences de transfert de populations d'un climat à un autre ont eu lieu depuis la découverte de l'Amérique et se poursuivent encore aujourd'hui ; parfois vers l'ouest comme vers le Nouveau Monde ; parfois vers l'est comme vers l'Australie et la Nouvelle-Zélande ; maintenant de populations celtiques comme l'Irlande ; maintenant des pays gothiques comme l'Angleterre et l'Allemagne ; maintenant d'Espagne et du Portugal ; — sans parler du phénomène tout aussi important de l'esclavage des Noirs qui est la condition réelle ou supposée de la prospérité américaine. Est-ce que cela réussira ? Posez cette question à Philadelphie, à Lima, à Sydney ou à Auckland, et la réponse sera presque certainement affirmative. Demandez-le à un de nos anatomistes anglais. Sa réponse est la suivante : « Examinons maintenant la plus grande de toutes les expériences jamais faites concernant le transfert d'une population indigène sur un continent et la tentative par l'émigration de prendre possession d'un autre ; le cultiver de ses propres mains; le coloniser ; pour persuader le monde, avec le temps, qu'ils sont *les natifs* de la terre nouvellement occupée. L'Amérique du Nord et l'Australie ont fourni les terrains de cette plus grande expérience. Déjà le cheval, le mouton, le bœuf sont devenus pour ainsi dire indigènes sur ces terres. La nature ne les a pas placés là au début, mais ils semblent prospérer et se multiplier excessivement. Pourtant, même en ce qui concerne ces animaux domestiques, nous ne pouvons en être sûrs. Vont-ils finalement être autonomes ? Vont-ils supplanter le lama, le kangourou, le buffle, le cerf ? ou pour y parvenir , devront-ils être constamment rénovés depuis l'Europe ? Si tel est le cas, l'acclimatation n'est pas parfaite. Qu'en est-il de l'homme lui-même ? L'homme planté là par la nature, le Peau-Rouge, diffère de tous les autres sur la face de la terre ; il cède devant les races européennes, saxonnes et celtes ; le Celte, l'Ibère et le Lusitanien au sud ; les Celtes et les Saxons au nord.

« Des régions tropicales du Nouveau Monde, je n'ai pas besoin de parler ; chacun sait que seuls ceux que la nature y a placés peuvent y vivre ; qu'aucun Européen ne peut coloniser un pays tropical. Mais ne peut-on pas douter de leur capacité à subvenir à leurs propres besoins dans les régions plus douces ? Prenez les États du Nord eux-mêmes. Là, les Saxons et les Celtes semblent prospérer au-delà de tout ce qui est enregistré dans l'histoire. Mais sommes-nous vraiment sûrs que cette situation soit destinée à être permanente ? Chaque année, d'Europe arrivent cent mille hommes et femmes du meilleur sang des Scandinaves, et deux fois plus nombreux que ceux des Celtes purs ; et tant que cela continue, il est assuré de prospérer. Mais contrôlez-le, arrêtez-le soudainement, comme dans le cas du Mexique et du Pérou ; rejeter le *fardeau* de la reproduction sur la population, non plus européenne, mais une lutte entre l'étranger européen et sa patrie d'adoption. Le climat; les forets; les restes des aborigènes pas encore éteints ; enfin et surtout, cette dégradation inconnue et mystérieuse de la vie et de l'énergie, qui dans les temps anciens semble avoir décidé du sort de toutes les colonies phéniciennes , grecques et coptes. Coupés de leur stock d'origine, ils se sont progressivement flétris et décolorés, pour finalement mourir. Le Phénicien ne s'est jamais acclimaté en Afrique, ni en Cornouailles, ni au Pays de Galles ; il reste, il est vrai, des vestiges de sa race, mais ce ne sont que des vestiges. Le Pérou et le Mexique rétrogradent rapidement vers leur état primitif ; Les États du Nord ne pourraient-ils pas, dans des circonstances similaires, faire de même ?

« Déjà, l'homme américain diffère par son apparence de l'Européen : les dames perdent leurs dents de bonne heure ; chez les deux sexes, le coussinet cellulaire adipeux interposé entre la peau et les aponévroses et les muscles disparaît, ou du moins perd sa partie adipeuse ; les muscles deviennent filandreux et se montrent ; les tendons apparaissent en surface ; des symptômes de carie prématurée se manifestent. Or, qu'indiquent ces signes, ajoutés à l'incertitude de la vie des enfants dans les États du Sud et à la petitesse de leurs familles dans les États du Nord ? Non pas la conversion de l'Anglo-Saxon en Rouge-Indien, mais des avertissements selon lesquels le climat n'a pas été fait pour lui, ni lui pour le climat.

« Voyez ce que même une petite quantité d'isolation a fait pour les Celtes français du Bas-Canada. Regardez la course là-bas ! Petits hommes, petits chevaux, petit bétail, charrettes encore plus petites, idées les plus petites de toutes ; ce n'est même pas le Celte de la France moderne ! Il est le Celte français de la Régence, chose de Louis XIII. Stationnaire – absolument stationnaire – ses chiffres dépendent, je crois, du mélange occasionnel de sang frais en provenance d'Europe. Il est passé à un million depuis son premier établissement au Canada ; mais une grande partie de cela vient de Grande-Bretagne et non de France. Donnez-nous les statistiques des familles originelles qui se tiennent à l'écart du sang frais importé dans la province. Ayons l'augmentation réelle et solide des *habitans originels* , comme ils se plaisent à s'appeler, et alors nous pourrons calculer sur le résultat.

« Si la colonie avait été laissée à elle-même, coupée de l'Europe, pendant un siècle ou deux, je crois que la forêt, les bisons et les Peaux-Rouges l'auraient poussée dans le Saint-Laurent [5] . »

Je ne donne aucune opinion sur la véracité de l'extrait ; remarquant que, qu'elle soit bonne ou mauvaise, elle est exprimée avec force et avec confiance. Tout ce que ce passage a à faire est d'illustrer le caractère de la question. Cela oriente notre réflexion vers ce qui *sera* .

Pour résoudre des questions dans l'une ou l'autre de ces classes, il faut, bien sûr, faire référence aux opérations générales du climat, de l'alimentation et d'autres influences ; opérations qui impliquent une susceptibilité corrélative de modification de la part de l'organisme humain.

Dans une machine bien construite, les différentes parties ont une relation définie les unes avec les autres. Plus la résistance est grande, plus les cordes et les chaînes sont épaisses ; et plus les cordes et les chaînes sont épaisses, plus les poulies sont solides ; plus les poulies sont fortes, plus la force est grande ; et ainsi de suite. Des poulies délicates avec des cordes lourdes, ou des lignes légères avec des poulies volumineuses, représenteraient une perte d'énergie considérable. La même chose s'applique au squelette. Si le muscle est massif, l'os auquel il est attaché doit être ferme ; sinon il y a une disproportion des parties. En ce sens, le corps organisé et animé s'accorde avec une machine commune, l'œuvre des mains humaines. Il s'accorde avec lui, mais il le dépasse aussi. Il possède un pouvoir interne d'auto-ajustement. Aucune quantité de travail ne transformerait une ligne fine en une corde solide, ou un cadre léger en un solide. Si l'on veut du volume, il faut le donner en premier lieu. Mais qu'en est-il du squelette, de la charpente des muscles ? Il *a* le pouvoir de s'adapter aux contraintes qui lui sont imposées. La nourriture dont nous vivons est de différents degrés de dureté et de ténacité ; et plus c'est dur et résistant, plus les muscles de la mâchoire inférieure doivent travailler. Mais à mesure qu'ils fonctionnent, ils grandissent ; car, toutes choses étant égales par ailleurs, la taille est le pouvoir ; et à mesure qu'elles grandissent, d'autres parties doivent également croître. Il y a les os. *La façon dont* ils grandissent est une question complexe. Parfois une surface lisse devient rugueuse, un os fin devient grossier ; parfois un processus court s'allonge, ou un processus étroit s'élargit ; tantôt l'augmentation est simple ou absolue, et l'os en question change de caractère sans affecter celui des parties en contact avec lui. Mais il arrive souvent que les changements se compliquent et que le développement d'un os se fasse aux dépens d'un autre ; les *relations* des différentes portions des parties d'un squelette étant ainsi altérées.

Un squelette peut donc être modifié par l'action de ses propres muscles ; en d'autres termes, partout où il existe des muscles susceptibles d'augmenter leur masse, il existe des os également susceptibles, des os sur lesquels des aspérités, des crêtes ou des processus peuvent se développer, des os d'où des aspérités, des crêtes ou des processus peuvent disparaître, et des os dont les aspérités, les crêtes ou les processus peuvent disparaître. dont les proportions relatives peuvent varier. Mais pour que cela ait lieu, il faut qu'il y ait l'action musculaire qui le détermine.

Maintenant, cela s'applique aux *parties dures*, ou au squelette ; et comme il est généralement admis que si la charpente osseuse du corps peut être ainsi modifiée par l'action de ses propres muscles, les conditions extrêmes de chaleur, de lumière, d'aliment, d'humidité, etc., affecteront à fortiori les tissus *mous* . parties, telles que la peau et le tissu adipeux. De grandes difficultés n'ont pas non plus été soulevées en ce qui concerne les variétés de couleur de l'iris, ainsi que celles de couleur et de texture des cheveux.

Mais que se passe-t-il si nous constatons dans certaines parties *difficiles* une différence sans la cause modificatrice tangible correspondante ? Et si les parties sur lesquelles aucun muscle n'agit variaient ? Dans un tel cas, nous avons une nouvelle classe de faits et une nouvelle signification qui leur est donnée. Nous ne tirons plus nos illustrations des cordes et des poulies des machines. Il y a peut-être une adaptation, mais il ne s'agit plus d'une adaptation aussi simple que celle que nous avons exposée. Il s'agit d'une adaptation sur le principe qui détermine la figure de proue d'un navire, et non sur le principe qui décide du gréement. Il existe néanmoins un principe des deux côtés ; Cependant, sur l'un d'entre eux, il existe un lien évident de cause à effet ; de l'autre, la notion de choix, ou de spontanéité d'une *idée* , est suggérée.

De cette manière, la considération d'une dent diffère de celle de la mâchoire dans laquelle elle est implantée. Aucun muscle n'agit directement sur lui ; et tout ce que la pression à sa base peut faire, c'est affecter la direction de sa croissance. La forme de sa couronne reste intacte. Comment — je reprends presque les mots du professeur Owen — peut-on concevoir que le développement de la grande canine du chimpanzé soit le résultat de stimuli externes, ou qu'il ait été influencé par des actions musculaires, lorsqu'elle est calcifiée avant de couper la gomme, ou déplace son prédécesseur à feuilles caduques – une structure prédéterminée, une arme préparée avant le développement des forces par lesquelles elle doit être maniée [6] ?

Ceci illustre la différence entre les parties manifestement odieuses à l'influence des conditions extérieures et les parties qui soit ne varient pas du tout, soit varient selon des lois incertaines.

Dans le premier cas, nous examinons les conditions du soleil, de l'air, des habitudes ou de la latitude ; nous interprétons cette dernière, du mieux que nous pouvons, par des références à d'autres espèces ou à celles-ci dans ses premiers stades de développement.

Ainsi, la crête dite supra-orbitaire, ou la proéminence de la partie inférieure du front au-dessus du nez et des yeux, est plus marquée chez certains individus que chez d'autres ; et plus marqué dans les variétés africaines et australiennes que dans la nôtre. C'est un fait ethnologique.

Encore une fois, et c'est un fait anthropologique, ce phénomène n'est que modérément développé chez l'homme : tandis que chez l' orang-outan, il est modéré ; et chez le chimpanzé, il s'est développé énormément et de manière caractéristique.

C'est donc un des neuf points par lesquels le *Pithecus Wurmbii* se rapproche plus de l'homme que le *Gorille Troglodytes* [7] , par opposition aux vingt-quatre par lesquels le *Gorille Troglodytes* se rapproche plus de nous que le *Pithecus Wurmbii* .

Si cette crête avait donné un attachement aux muscles, nous aurions dû nous demander quel travail ces muscles faisaient et dans quelle mesure il variait selon les régions, au lieu de beaucoup penser au *Pithecus Wurmbii* ou au *gorille troglodytes* .

Cependant, ce sont certains problèmes qui constituent les branches supérieures de l'ethnologie ; et c'est à l'investigation de ceux-ci que le département des dynamiques ethnologiques est soumis. En regardant *en arrière* , nous trouvons, parmi les plus importantes, les grandes questions quant à...

- 1. L'unité ou la non-unité de l'espèce.
- 2. Son antiquité.
- 3. Son origine géographique.

L'unité ou la non-unité de l'espèce humaine a été envisagée sous une grande multiplicité d'aspects ; certaines concernent le fait lui-même, d'autres la signification du terme *espèce* .

- 1. Certains points de structure sont *constants* . C'est une des raisons pour lesquelles l'homme est la seule espèce du genre et le seul genre de son ordre.
- 2. Toutes les races mixtes sont prolifiques. Ceci en est une autre.
- 3. L'évidence du langage indique une origine commune ; et la forme la plus simple est une seule paire. C'est un troisième.
- 4. On peut émettre un certain nombre de propositions générales concernant la classe d'êtres appelés Humains. Cela les sépare simplement de toutes les autres classes. Il ne détermine pas la nature du groupe lui-même par rapport à ses membres. Il peut être divisé en divisions et subdivisions.
- 5. L'espèce peut être une ; mais le nombre des *premières paires* peut être nombreux. C'est la doctrine de la *multiplicité des protoplastes* [8] .
- 6. L'espèce n'avait peut-être aucun protoplaste ; mais il se peut qu'elle ait été développée à partir de certaines espèces antérieures à elle et inférieures dans l'échelle de la nature, cette espèce antérieure elle-même ayant été ainsi évoluée. Dans ce cas, le protoplaste est

projeté indéfiniment en arrière ; en d'autres termes, le protoplaste d'une espèce est le protoplaste de plusieurs espèces.

- 7. Le genre *Homo* peut se diviser en plusieurs espèces ; de sorte que ce que certains appellent les *variétés d'une même espèce* sont en réalité des espèces différentes d'un même genre.

- 8. Les variétés de l'humanité sont peut-être trop grandes pour être incluses dans un seul *genre* . Il peut y avoir deux genres, voire plus, dans une *commande* .

- 9. Un grand nombre des variétés actuelles peuvent représenter des mélanges d'espèces qui n'existent plus à l'état pur.

- 10. Toutes les variétés *connues* peuvent se rapporter à une seule espèce ; mais il peut y avoir de nouvelles espèces non décrites.

- 11. Toutes les variétés *existantes* peuvent se rapporter à une seule espèce ; mais certaines *espèces* peuvent avoir cessé d'exister.

Telles sont les principales opinions qui sont courantes parmi les savants sur ce point ; bien qu'ils n'aient pas été présentés sous une forme strictement logique, dans la mesure où des divergences d'opinions sur la signification du terme *espèce* ont été énumérées dans la même liste avec des divergences d'opinions quant au fait de notre unité ou de notre non-unité.

Ces divergences d'opinions ne se limitent pas à de simples questions d'inférence. Les *faits* sur lesquels reposent de telles déductions ne sont en aucun cas unanimement admis. Certains nient la constance de certains points de structure, et davantage nient la fécondité *permanente* des races mixtes. Encore une fois, l'évidence du langage ne s'applique qu'aux langues connues ; tandis que le quatrième point de vue est basé sur une vision *logique* plutôt que *zoologique* des espèces .

La doctrine d'une *multiplicité de protoplastes* est courante. De nombreux zoologistes le soutiennent, et ils ont bien sûr des raisons zoologiques pour le faire. D'autres le soutiennent pour des raisons d'une description très différente, des raisons qui reposent sur l'hypothèse d'une cause finale. L'homme est un animal *social*. Que l'importance de cela soit un peu exagérée. Le terme est *corrélatif*. La femme ne suffit pas au mari ; le *couple* a besoin de son *couple* pour le bien de la société. Par conséquent, si l'homme n'est pas formé pour vivre seul maintenant, il n'a pas été formé seul au début. Pour naître membre de la société, il faut avoir des associés. Telle est la raison téléologique [9] — peut-être pourrait-on dire théologique — de la multiplicité des protoplastes.

Son caractère *non inductif enlève quelque chose à sa valeur.*

La difficulté de tracer une ligne quant à l'ampleur de la société d'origine soustrait davantage. Si l'on admet un deuxième couple, pourquoi ne pas accorder un village, une ville, une cité et sa corporation ? etc.

Encore une fois, il s'agit soit d'une civilisation primitive, soit de quelque chose qui lui ressemble beaucoup. Où sont ses traces ? Néanmoins, si l'on admet certaines hypothèses concernant l'histoire de la civilisation humaine, la doctrine téléologique de la multiplicité des protoplastes est difficile à réfuter.

Et le zoologique aussi ; à condition de faire des concessions sur le plan linguistique. Laissez certains couples avoir été créés avec la capacité mais pas le don de la parole, afin qu'ils aient appris la langue des autres. Ou encore, que *tous* , au début, se soient trouvés dans cette situation difficile, et que certains aient développé un discours plus tôt que d'autres – un discours qui s'est finalement étendu à tous. Il n'est pas facile de répondre à un tel argument.

La multiplicité des protoplastes est un terrain d'entente entre le zoologiste et le naturaliste humain, bien que les phénomènes de parole et de société accordent à ces derniers la plus grande part. Il en va de même pour la *doctrine du développement* . L'affinité fondamentale qui relie toutes les formes de langage humain n'est valable contre le transcendantaliste que lorsqu'il suppose que chaque original d'une espèce humaine est apparu, en tant que tel, avec son propre langage. Qu'il admette que cela ait été à l'origine muet, et avec seulement la capacité d'apprendre la parole des autres, et que tous les arguments en faveur de l'unité des espèces tirés de la similitude du langage tombent à l'eau.

La huitième doctrine n'est guère plus qu'une exagération de la septième. Le septième ne sera pas remarqué maintenant, simplement parce que les faits qu'il affirme et nie imprègnent toute l'étude de l'ethnologie et apparaissent et réapparaissent à chaque point de nos investigations.

Toutes les variétés connues *peuvent se rapporter à une seule espèce ; mais il peut y avoir d'autres espèces non décrites.* — Quelles sont les raisons de croire cela ? Partant du principe que Dilbo était un esclave auprès duquel le Dr Beke recueillait certaines informations concernant les pays du sud-ouest de l'Abyssinie, je joins l' extrait suivant :

« Les pays à l'ouest et au sud-ouest de Kaffa sont, selon Dilbo , Damboro , Bonga, Koolloo , Kootcha , Soofa , Tooffte et Doko ; à l'est et au sud-est se trouvent les plaines de Woratto , Walamo et Talda .

« Le pays de Doko est à un mois de voyage de Kaffa ; et il paraît que seuls les marchands d'esclaves vont plus loin que Kaffa . La route la plus courante passe par Kaffa en direction du sud-ouest, mène à Damboro , puis à Kootcha , Koolloo , puis passe la rivière Erow jusqu'à Tooffte , où ils commencent à chasser les esclaves à Doko , dont je vais donner une description. comme cela m'a été dit, et le lecteur peut utiliser son propre jugement à ce sujet.

» Dilbo commence par déclarer que les habitants de Doko , hommes et femmes, ne seraient pas plus grands que des garçons de neuf ou dix ans. Ils ne dépassent jamais cette taille, même à l'âge le plus avancé. Ils y vont tout nus ; leur nourriture principale est les fourmis, les serpents, les souris et d'autres choses qui ne sont généralement pas utilisées comme nourriture. On dit qu'ils sont si habiles à découvrir les fourmis et les serpents, que Dilbon ne pouvait s'empêcher de les féliciter grandement à ce sujet. Ils sont si friands de cette nourriture, que même lorsqu'ils ont fait la connaissance de meilleurs aliments à Enarea et à Kaffa , ils sont néanmoins fréquemment punis pour avoir suivi leur inclination à creuser à la recherche de fourmis et de serpents, dès qu'ils sont hors de vue. leurs maîtres. Ils portent des peaux de serpents autour du cou comme ornements. Ils grimpent également aux arbres avec une grande habileté pour en récupérer les fruits ; et ce faisant, ils étendent leurs mains vers le bas et leurs jambes vers le haut. Ils vivent dans de vastes forêts de bambous et d'autres bois, si épaisses que le chasseur d'esclaves a beaucoup de peine à les suivre dans ces retraites. Ces chasseurs découvrent quelquefois un grand nombre de Dokos assis sur les arbres, et alors ils usent de l'artifice de leur montrer des choses brillantes, par lesquelles ils sont incités à descendre, lorsqu'ils sont capturés sans difficulté. Dès qu'un Doko se met à pleurer , il est tué, de peur que cela, signe de danger, ne fasse prendre la fuite aux autres. Même les femmes grimpent sur les arbres, où en quelques minutes un grand nombre d'entre elles peuvent être capturées et vendues comme esclaves.

« Les Dokos vivre mélangés; les hommes et les femmes s'unissent et se séparent à leur guise ; et c'est ce que Dilbo considère comme la raison pour laquelle la tribu n'a pas été exterminée, bien que fréquemment un seul marchand d'esclaves rentre chez lui avec un millier d'entre eux réduits en esclavage. La mère allaite l'enfant seulement tant qu'elle ne parvient pas à trouver des fourmis et des serpents pour sa nourriture : elle l'abandonne dès qu'il peut se nourrir par lui-même. Aucun rang ni ordre n'existe parmi les Dokos . Personne n'ordonne, personne n'obéit, personne ne défend le pays, personne ne se soucie du bien-être de la nation. Ils ne font aucune tentative pour se sécuriser mais en s'enfuyant. Ils sont aussi rapides que des singes ; et ils sont très sensibles à la misère que leur préparent les chasseurs d'esclaves, qui si souvent encerclent leurs forêts et les chassent de là dans les plaines ouvertes comme des bêtes. Ils mettent la tête à terre, étendent les jambes vers le haut et crient d'une manière pitoyable : « Eh bien ! ouais !' Ainsi ils invoquent l'Etre Suprême, dont ils ont une certaine idée, et on dit qu'ils s'écrient : « Si tu existes, pourquoi laisses-tu mourir nous, qui ne demandons ni nourriture ni vêtements, et qui vivons de serpents ? des fourmis et des souris ? Dilbo déclara qu'il n'était pas rare de trouver cinq ou six Dokos dans une telle position et dans un tel état d'esprit. Quelquefois ces gens se disputent entre eux lorsqu'ils mangent des fruits des arbres ; alors le plus fort jette à terre le plus faible, et celui-ci est ainsi fréquemment tué d'une manière misérable.

« Dans leur pays, il pleut sans cesse ; au moins de mai à janvier, et même plus tard, la pluie ne cesse pas complètement. Le climat n'est pas froid, mais très humide. Le voyageur , en allant de Kaffa à Doko , doit traverser un pays élevé et traverser plusieurs rivières qui se jettent dans le Gochob .

« La langue des Dokos est une sorte de murmure que seuls eux et leurs chasseurs comprennent. Les Dokos font preuve de beaucoup de sens et d'habileté dans la gestion des affaires de leurs maîtres, auxquels ils sont bientôt très attachés ; et ils se rendent à un tel degré, qu'aucun indigène de Kaffa n'en vend jamais un pour être envoyé hors du pays. Comme le dit le capitaine Clapperton à propos des esclaves de Nyffie : « Les esclaves mêmes de ce peuple sont très demandés, et une fois obtenus, ils ne sont plus jamais vendus hors du pays. Les habitants d' Enarea et de Kaffa ne vendent que les esclaves qu'ils ont pris lors de leurs guerres frontalières avec les tribus vivant à proximité, mais jamais de Doko . Le Doko est également réticent à être vendu ; il préfère la mort à la séparation d'avec son maître auquel il s'est attaché.

« L'accès au pays de Doko est très difficile, car les habitants de Damboro , Koolloo et Tooffte sont les ennemis des commerçants de Kaffa , bien que ces tribus dépendent de Kaffa , et paient tribut à ses souverains ; car ces tribus entendent conserver pour elles seules le privilège exclusif de chasser les Dokos et de commercer avec les esclaves ainsi obtenus.

« Dilbo ne savait pas si les tribus résidant au sud et à l'ouest des Dokos persécutaient cette malheureuse nation de la même manière cruelle.

« C'est le récit de Dilbo sur les Dokos , une nation de pygmées, qui se trouvent dans une condition de nature humaine si dégradée qu'il est difficile d'accorder un crédit implicite à son récit. La notion d'une nation de pygmées à l'intérieur de l'Afrique est très ancienne, comme en parle Hérodote dans II. 32. »

Or, ceux qui croient aux Dokos peuvent raisonnablement croire qu'ils constituent une nouvelle espèce.

D'autres populations imparfaitement connues peuvent être avancées dans une perspective similaire.

Toutes les variétés existantes *peuvent se rapporter à une seule espèce ; mais certaines espèces peuvent avoir cessé d' exister.* — Il existe une croyance considérable à cet égard. On voit, dans certains pays, qui sont aujourd'hui des vestiges barbares d'une civilisation antérieure, des ouvrages, comme ceux du Mexique et du Pérou par exemple, que les habitants actuels avouent être au-dessus de leurs forces. Qu'il en soit ainsi. L'hypothèse d'une espèce différente avec des propensions architecturales plus développées est-elle légitime ? Le lecteur répondra à cette question à sa manière. Je peux seulement dire que de telles hypothèses ont été faites.

Encore une fois, les tombes antiques présentent des squelettes qui diffèrent de ceux des individus vivants du pays. Une hypothèse similaire est-elle ici justifiable ? Cela a été fait.

phénomènes les plus remarquables du genre en question se trouvent dans l'histoire des Péruviens.

Les parties autour du lac Titicaca forment le pays actuel des Aymaras , dont les têtes ressemblent beaucoup à celles des autres Américains, dont le goût pour l'architecture est faible et dont personne ne sait qu'ils descendent d'un peuple plus architectural qu'eux.

Il y a néanmoins de vastes ruines dans leur quartier ; tandis que les têtes de ceux dont les restes y sont conservés ont des crânes dont les sutures sont oblitérées et avec des dépressions frontales, latérales et occipitales remarquables.

Est-ce que cela indique une espèce disparue ? Individuellement, je ne pense pas que ce soit le cas ; car, individuellement, avec bien d'autres, je sais que certaines habitudes déclinent, et je crois aussi que les aplatissements de la tête sont *artificiels* . Néanmoins, si j'exagérais un tant soit peu la permanence des habitudes, ou si j'identifiais une habitude avec un instinct, ou si je considérais les crânes comme *naturels* , il y a de fortes chances que je reconnaisse les restes d'une *souche ancienne* - peut-être une *espèce ancienne.* — sans congénères et sans descendance.

L'antiquité de l' espèce humaine. — Nos vues sur ce point dépendent de nos vues sur son unité ou sa non-unité ; à tel point qu'à moins de supposer l'un ou l'autre, la question de l'antiquité est impraticable. Et il faut aussi ajouter que, à moins que l'enquête ne soit excessivement compliquée, la doctrine de l'unité doit prendre la forme d'une descendance à partir d'un seul couple.

En supposant cela, nous prenons les échantillons de différence les plus extrêmes, qu'il s'agisse de conformation physique ou de phénomènes mentaux – parmi ces derniers, le langage étant le plus commode. Après cela, nous demandons le temps nécessaire pour réaliser les changements effectués ; la réponse à cette question repose sur l'induction fournie au cours de la période historique ; une réponse qui nécessite l'application de ce que l'on a déjà appelé *la dynamique ethnologique* .

D'un autre côté, nous pouvons supposer une certaine quantité de différence originelle et étudier le temps nécessaire pour réaliser la quantité de similarité existante.

La première de ces méthodes nécessite une longue période, la seconde une courte période ; en effet, la descendance d'un seul couple implique une date *géologique* plutôt qu'historique .

En outre, cette uniformité du taux de changement moyen qu'exige le géologue, l'ethnologie l'exige également.

L'origine géographique de l'Homme. — En supposant que toutes les variétés de l'Homme soient issues d'une seule paire de protoplastes, dans quelle partie du monde cette seule paire de protoplastes était-elle située ? Ou, en supposant que ces paires de protoplastes aient été nombreuses, quels étaient les emplacements d'origine respectifs de chacun ? Je pose ces questions sans y apporter de réponse, ni exposer aucune méthode pour en découvrir une. Des trois grands problèmes, c'est celui qui a reçu le moins d'attention et celui sur lequel il y a le moins d'opinions tranchées. Le berceau conventionnel, provisoire ou hypothétique de l'espèce humaine est bien entendu le point le plus central du monde habité ; dans la mesure où cela nous donne la plus grande quantité de distribution avec le moins de migration ; mais, bien entendu, un tel centre n'est absolument pas historique.

Race : Quelle est la signification de ce mot ?

Est-ce que cela veut dire *variété* ? Si oui, pourquoi ne pas dire immédiatement *variété ?*

Est-ce que cela veut dire *espèce* ? Si tel est le cas , l'une des deux phrases est superflue.

En simple vérité, cela signifie soit l'un soit l'autre, ou ni l'un ni l'autre, selon le cas ; et est pratique ou superflu selon les vues de l'écrivain qui l'utilise.

S'il croit que des groupes et des classes comme le Nègre, le Hottentot, l'Américain, l'Australien ou le Mongol diffèrent les uns des autres comme le chien diffère du renard, il parle d' *espèces* . Il a pris sa décision.

Mais peut-être qu'il ne fait rien de tel. Sa décision est prise dans l'autre sens. Les membres de ces classes peuvent être pour les Européens et entre eux ce que le chiot est pour le carlin, le chien d'arrêt pour le beagle, etc. Il peut s'agir *de variétés* .

Il utilise donc les termes en conséquence ; mais, pour ce faire, il faut qu'il ait pris sa décision ; et certaines classes doivent représenter soit l'une, soit l'autre.

Mais que se passe-t-il s'il ne l' a pas fait ? Si, au lieu d'enseigner des faits incontestables, il se contente d'enquêter sur des faits douteux ? Dans ce cas, le terme de *race* est pratique. Cela lui convient lors de la recherche d'une opinion et lors de la suspension de son opinion qui en résulte.

La race est donc le terme désignant une *espèce ou une variété* , selon le cas − *pendente lite* . C'est un terme qui, s'il masque notre ignorance, proclame notre ouverture à la conviction.

Parmi les visions *prospectives* de l'humanité, une a été considérée. Mais il en existe d'autres, tout aussi importants. Deux, parmi tant d'autres, peuvent servir d'échantillons.

1. La première est suggérée par le tableau suivant ; tiré d'un livre plus complet dans le précieux Archaeology and Prehistoric Annals of Scotland de MD Wilson . Il montre les proportions relatives d'une série de crânes de *très grande antiquité* avec celles d'une série d' antiquité *modérée* .

L'étude de ce phénomène — et cela demande à être étudié avec soin — permet de croire que la capacité d'un crâne peut augmenter à mesure que la condition sociale s'améliore ; d'où il résulte que l'organisation physique des populations les moins favorisées peut se développer progressivement, et, *pari passu* , la puissance mentale qui coïncide avec elle. Cela illustre la nature d'une certaine question ethnologique. Mais que se passe-t-il si les deux classes de crânes appartiennent à des souches différentes ? de sorte que les propriétaires de celui-ci étaient *pas* les ancêtres des propriétaires de l'autre ? Une telle vision (et elle n'est pas déraisonnable) illustre à quel point la situation est compliquée.

[Note du transcripteur : Les mesures dans le tableau sont en pouces et en douzièmes.]

Diamètre longitudinal longitudinal.	Diamètre pariétal.	Diamètre frontal.	Diamètre vertical.	inter-mastoïde.	inter-mastoïde à partir de la racine supérieure du-processus zygomatique.	inter-mastoïdiennes.	Idem à partir de la racine supérieure du-processus zygomatique.	Arc itofrontal occipital.	Idem depuis la protubérance occipitale jusqu'à la racine du nez.	horizontale.	Capacité relative.
Très vieux.											
1. 7·0	5·4½?	4·9?	4·10	13·11	11·5	3·6½	4·8½	13·9	12·0	20·4	32·2
2. 7·0	4·8	4·4	5·3	13·2	11·0	4·1	4·10	14·0	11·11	19·6	31·9
3. 6·11	5·3	3·11	5·0	...	12·0	...	4·8½	14·4	11·4	19·0	30·11
4. 7·0	4·11	4·4	5·3	13·8	11·4½	4·1	4·10	13·10	11·3	16·7½	28·10½
5. 6·6	4·1?	4·11	4·2?	13·2	11·3	...	4·8?	13·11	12·0	19·0	29·6
6. 7·3	5·4	4·6	5·2	14·3	11·9	4·4	5·0½	14·8	12·3	20·8½	33·1½
7. 7·5	5·2	4·5	5·2	14·3	12·0	3·7	4·10½	14·3	12·3	20·7½	33·2½
8. 7·9	5·6	4·9	...	...	12·3	...	5·6	15·6	...	21·3	...
9. 7·3	5·8	4·3½	4·9	14·0	11·9	3·8½	5·0	14·2	11·9	20·7	32·7
Moyennement vieux.											
17. 7·9	5·0	4·10	5·6	14·9	11·11	4·0	5·4	15·5	13·6	21·3	34·6
18. 7·6	5·1	4·6	5·1	14·8	11·3	3·11	5·3	14·6	12·11	20·4	32·11½
19. 7·3	5·3	4·5	5·4½	14·5	12·4	3·11½	4·9	14·9	12·9	20·10	33·5½
20. 7·5	5·6½	5·0½	5·6	14·11½	12·3	4·0	...	14·9	12·6	20·10	33·9
21. 7·3	5·6½	4·4	5·6	14·8	12·0	4·1	5·3	14·5	12·10	20·2	32·11
22. 7·2	5·7	4·5	5·6	14·9	11·10	4·3	5·6	14·4	12·6	20·0	32·8
23. 7·3½	5·7	4·6	5·2	15·0?	12·4?	...	...	14·8	12·6½	19·10½	32·4
24. 7·2	5·5	4·6	...	...	...	...	...	...	12·10	20·7	...
25. 7·8	5·6	4·3½	5·3	14·4	11·8	4·7	5·6	14·6	12·7	20·11	33·10

	Diamètre longitu dinal longitu dinal .	Diam ètre pariét al .	Diam ètre fronta l .	Diamè tre vertica l .	inter - mastoï de .	inter - mastoïde à partir de la racine supérieur e du - processu s zygomati que.	inter - mastoïdie nnes .	Idem à partir de la racine supérieur e du - processu s zygomati que.	Arc itofron tal occipit al .	Idem depuis la protubér ance occipitale jusqu'à la racine du nez.	horizo ntale .	Capaci té relativ e.
2 6.	7·9	5·7	5·3	5·6	15·7	13·3	4·0½	5·4	16·4	14·4	21·11	35·2
2 7.	7·11	5·5	4·9	...	...	12·0	...	5·1	15·5	13·9	21·6	...

2. La seconde, comme la première, sera expliquée par extraits :

---

un. Mme ——, une voisine de M. M'Combie , a été mariée deux fois et a eu des descendants des deux maris. Les enfants du premier mariage étaient au nombre de cinq ; à la seconde, trois. L'une d'elles, une fille, présente une ressemblance indéniable avec le premier mari de sa mère. Ce qui rend la ressemblance plus perceptible, c'est qu'il y avait la différence la plus marquée, dans leurs traits et leur apparence générale, entre les deux maris.

---

b. Une jeune femme résidant à Édimbourg et née de parents blancs (écossais), mais dont la mère, quelque temps avant son mariage, a eu un enfant naturel (mulâtre) d'un domestique noir à Édimbourg, présente des traces distinctes de nègre. Le Dr Simpson, dont la jeune femme fut autrefois la patiente, n'a pas eu récemment l'occasion de se convaincre de la mesure exacte dans laquelle le caractère nègre prédomine dans ses traits ; mais il se souvient avoir été frappé de la ressemblance, et avoir remarqué surtout que les cheveux avaient les qualités caractéristiques du nègre.

---

c. Mme ——, apparemment parfaitement indemne de scrofule, épousa un homme qui mourut de phtisie ; elle eut un enfant de lui, qui mourut aussi de phtisie. Elle épousa ensuite un homme qui, en apparence, était aussi sain qu'elle, et eut de lui deux enfants, dont l'un mourut de phtisie, l'autre d'une maladie tuberculeuse mésentérique, ayant en même temps une ulcération scrofuleuse du membre inférieur.

Il y a ici les éléments d'une théorie ; surtout si on les ajoute à certains phénomènes bien connus des éleveurs de chevaux de course, la théorie étant que le mélange des *caractères distinctifs* des différentes divisions de l'humanité peut être plus grand que le mélange lui-même. Je ne donne aucun avis sur les *données* . J'illustre simplement une question ethnologique, une parmi tant d'autres.

NOTES DE BAS DE PAGE

[3] Du mot grec ($\overset{\check{}}{\eta} \theta o \varsigma$) *ethos* = *caractère* .

[4] Appelé par Comte *Sociologie* , un nom moitié latin et moitié grec, et par conséquent trop barbare pour être employé, si son emploi peut être évité.

[5] Knox, Races of Men, p. 73, 74.

[6] Sur l'ostéologie du grand chimpanzé. Par le professeur Owen, dans les Transactions philosophiques.

[7] Owen, Philosophical Transactions, 22 février 1848.

[8] De *protos* = *premier* , et *plastos* = *formé* .

[9] Du grec *telos* = *une fin* .

CHAPITRE III.

Méthodes – science de l'observation et de la déduction plutôt que de l'expérimentation – classification – selon des principes minéralogiques et zoologiques – la première pour l'anthropologie, la seconde pour l'ethnologie – valeur du langage comme test – exemples de sa perte – de sa rétention – lorsqu'il prouve une relation originale, lorsque les rapports sexuels — les tests grammaticaux et glossaires — les classifications doivent être *réels* — la répartition de l'Homme — la taille des territoires — les contrastes ethnologiques dans des contacts géographiques étroits — la discontinuité et l'isolement des territoires — les migrations océaniques.

DANS l'histoire naturelle de l'homme, nous devons nous en tenir presque exclusivement aux méthodes de déduction et d'observation ; et en observation, nous sommes limités à une seule sorte, *je . e.* ce genre simple et spontané où l'objet peut être trouvé s'il est recherché, mais ne peut pas être produit artificiellement. En d'autres termes, il n'y a pas beaucoup de place pour *l'expérimentation* . Le *corpus* n'est pas assez *vil* pour cela. En outre, « même si nous supposons un pouvoir illimité de varier l'expérience (ce qui est abstraitement possible), bien que nul autre qu'un despote oriental n'ait le pouvoir, ou s'il l'avait, serait disposé à l'exercer, une condition encore plus essentielle est vouloir – le pouvoir d'effectuer n'importe laquelle des expériences avec une précision scientifique [10] . L'expérimentation est presque aussi déplacée en ethnologie et en anthropologie qu'en astronomie.

Psammétichus , selon Hérodote, a effectivement fait ce qui suit. Il prit les enfants d'un homme pauvre, les confia à un berger à qui il était interdit de parler en leur présence, les allaita dans une cabane isolée par l'intermédiaire d'une chèvre, attendit l'âge auquel les garçons commencent à parler, puis a noté le premier mot qu'ils ont prononcé. Il s'agissait de *bekos , qui, lorsqu'on lui démontra qu'il signifiait pain* en langue phrygienne , les Égyptiens cédèrent la palme de l'antiquité à ce rival.

Il s'agissait là d'une expérience ethnologique ; mais alors Psammétique *était* un despote oriental ; et l'instance elle-même est probablement la seule de sa classe — la seule, ou presque — la seule qui soit une véritable expérience ; car pour être tel, il doit y avoir une fin ou un objet défini et spécifique en vue.

Nous connaissons la tradition de Newton et de la pomme. Si cela est vrai, il ne s'agit pas d'une expérience, mais d'une observation. Pour être le premier, il aurait fallu que l'arbre soit secoué afin de voir le fruit descendre. Il y aurait alors eu une fin et un but – un prétexte malveillant, pour ainsi dire.

C'est pourquoi les phénomènes de la traite négrière africaine, de l'émigration anglaise et d'autres éléments d'observation similaires ne sont pas des expériences ; puisque ce n'est pas à la Science que l'esclavagiste ou le colon ont jamais pensé. Sucre ou coton, terre ou argent, voilà ce qui leur trottait dans la tête.

L'opération révoltante par laquelle l'Oriental jaloux s'efforce d'assurer l'intégrité de son harem est en fin de compte un fait scientifique. Cela montre à quel point le système tout entier sympathise avec la mutilation d'une de ses parties. Mais la science n'a rien à applaudir ou à imiter. L'Italien sensuel le répète pour s'assurer de belles voix sur le marché de la musique ; et la Science est dégoûtée de sa répétition. Même si cela était fait en son propre nom et pour ses propres objectifs, cela ne serait qu'une forme inhumaine et intolérable de zootomie.

Pourtant, le commerce des Africains et l'émigration des Anglais seraient considérés comme participant de la nature d'une expérience scientifique, sans même en être une. On dit qu'ils servent à ce titre. C'est ce qu'ils font ; mais pas de la manière dont ils sont souvent interprétés. Un régiment européen est décimé s'il est déployé en Gambie ou en Sierra Leone. On dit que l'Anglo-Saxon américain a perdu la fraîcheur de l'Européen, qu'il est devenu brun et musclé. Peut-être que oui. Mais qu'est-ce que cela prouve ? Simplement l'effet de changements *soudains* ; les résultats d'une transplantation *à distance* ; le caractère imparfait des formes d'acclimatation qui ne sont pas *progressives*. Ce n'est pas de cette façon que le monde a été peuplé à l'origine. Les nouveaux climats furent progressivement approchés, étape par étape, par l'élargissement et l'extension de la circonférence d'une famille précédemment acclimatée. C'est pourquoi l'expérience du genre en question, si précieuse qu'elle soit pour la police médicale, est comparativement sans valeur dans une théorie des migrations de l'humanité. Emmenez un homme du Caucase sur la Gold Coast, et soit il meurt, soit il a de la fièvre. Mais le ferait-il si son séjour précédent avait eu lieu en Gambie, celui de son grand-père au Sénégal, celui de son ancêtre au dixième degré sur le Nil, et celui de cet ancêtre au Jourdain - remontant ainsi jusqu'à ce que nous atteignions le premier lointain patriarche de la migration en phase ? C'est une expérience qu'aucune génération ne peut ni faire ni observer ; Pourtant, il ne s'agit pas d'une expérience du tout, d'une imitation de cette opération particulière de la nature que nous sommes si curieux d'étudier.

Ce qui suit s'applique à l'ethnologie. Le premier résultat que nous obtenons de nos observations est une *classification*, *c'est-à-dire* . *e.* des groupes d'individus, de familles, de tribus, de nations, de sous-variétés, de variétés et (selon certains) d'espèces reliés par quelque lien commun, et unis sur quelque principe commun. Il ne manque pas de groupes de ce genre ; et beaucoup d'entre eux sont si naturels qu'ils ne sont pas susceptibles d'amélioration.

Pourtant, la nomenclature de leurs différentes divisions est indéterminée, les valeurs de beaucoup d'entre elles incertaines et, surtout, le principe sur lequel elles sont formées n'est en aucun cas uniforme. Alors que certains chercheurs classent l'humanité selon *des principes zoologiques* , d'autres le font selon ce que l'on pourrait appeler des principes *minéralogiques* . Cette différence sera illustrée dans une certaine mesure.

En Afrique, comme on le sait, une grande partie de la population a la peau noire ; et à cette peau noire, d'autres caractéristiques physiques se rencontrent généralement en conjonction. Ainsi les cheveux sont-ils crépus ou laineux, le nez déprimé et les lèvres épaisses. À mesure que nous approchons de l'Asie, ces critères diminuent ; l'Arabe étant plus blond, mieux présenté et aux cheveux plus droits que le Nubien, et le Persan plus que l'Arabe. Dans l'Hindostan , cependant, la couleur s'approfondit ; et en regardant dans les parties les plus humides et alluviales de la péninsule méridionale, nous trouvons des peaux aussi foncées que celles de l'Afrique, et des cheveux crépus plutôt que raides. En outre, le contour ovale fin et les traits réguliers des hindous de haute caste du Nord se raréfient, tandis que les lèvres deviennent épaisses, la peau dure et les traits grossiers .

péninsule indochinoise ou transgangétique . Dans de nombreuses régions, la population noircit à nouveau ; et dans la longue et étroite péninsule de Malacca, une *grande* partie de la population âgée a été décrite comme étant *noire* . Dans les îles, nous les retrouvons ; à tel point que les autorités espagnoles les appellent *Negritos* ou *Petits Nègres* . En Nouvelle-Guinée, tout est noir ; et en Australie et dans la Terre de Van Diemen, il est encore plus noir. En Australie, les cheveux sont généralement raides ; mais dans le premier et le dernier pays, il est crépu, croustillant ou frisé. Cela les relie aux Noirs d'Afrique ; et leur couleur le fait encore plus. En tout cas, nous parlons des *Noirs australiens* , tout comme les Espagnols des *Négritos philippins* . Les caractéristiques morales relient l'Australien et le Noir, de la même manière que les caractéristiques physiques. Comparés aux Européens, tous deux sont soit très déficients en termes de capacités intellectuelles, soit (du moins) ont joué un rôle sans importance dans l'histoire du monde. Ainsi, plusieurs populations relèvent de la classe des *Noirs* . Cette classification est-elle naturelle ?

Cela sera illustré plus loin. Aux extrémités de chacune des régions du monde se trouvent des populations qui se ressemblent à bien des égards. En Asie du Nord et en Europe, les Esquimaux, les Samoédes et les Lapons, tolérants au froid du cercle polaire arctique, se caractérisent tous par une face plate, une stature basse et une tête large. Dans certains cas, le contraste entre ces régions et leurs voisins les plus proches du sud est, à cet égard, remarquable. Le Norvégien qui entre en contact avec le Lap est fort et bien fait ; il en va de même pour de nombreux Indiens rouges qui font face aux Esquimaux.

Au Cap de Bonne-Espérance, quelque chose de semblable apparaît. Le Hottentot de l'extrémité sud de l'Afrique est de petite taille, avec de petits membres et un visage large ; à tel point que la plupart des auteurs, en le décrivant, ont dit que, dans sa conformation, le type mongol, auquel appartient l'Esquimau, asiatique lui-même, reparaît en Afrique. Et puis son voisin le Kaffre diffère de lui comme le Finlandais du Lap.

Mutatis mutandis, tout cela reparaît au cap Horn ; où le Patagonien se change brusquement en Fuégien.

Mais nous, en Europe, sommes favorisés ; nos membres sont bien formés et notre peau claire. Qu'il en soit ainsi : il y a pourtant des écrivains qui, voyant à quel point les insulaires du Pacifique sont également favorisés , et constatant à quel point les points européens de couleur , de taille et de capacité d'amélioration, réelles ou supposées, réapparaissent à l'heure actuelle. les Antipodes, ont jeté le Polynésien et l'Anglais dans une seule et même classe.

Et peut-être l'est-il ainsi, si l'on en juge par certains caractères : si l'accord sur certains points, dans lesquels les populations intermédiaires diffèrent, constitue la base sur laquelle nous formons nos groupes, les Fuégiens, les Esquimaux et les Hottentots forment une seule classe, et les Noirs et les Australiens un autre. Mais ces cours sont-ils naturels ? Cela dépend des questions auxquelles la classification est subordonnée. Si l'on veut savoir dans quelle mesure l'humidité et la fraîcheur rafraîchissent le teint ; dans quelle mesure l'humidité et la chaleur l'assombrissent ; dans quelle mesure les altitudes des montagnes affectent la structure humaine ; en d'autres termes, dans la mesure où des conditions extérieures communes développent des habitudes communes et des points de structure communs, rien ne peut être meilleur que les groupes en question.

Mais changeons le problème : souhaitons savoir comment certaines régions ont été peuplées, quelle population a donné naissance à telle autre, comment les Américains sont arrivés en Amérique, d'où les Britanniques sont venus en Angleterre, ou toute question liée aux migrations, aux affiliations et à l'origine des peuples. les variétés de notre espèce et les groupes de ce genre sont sans valeur. Ils nous disent quelque chose, mais pas ce que nous voulons savoir : dans la mesure où notre question concerne désormais le sang, l'ascendance, l'ascendance, la parenté. Dire à un enquêteur qui souhaite déduire une population d'une autre que certaines tribus lointaines s'accordent avec celle dont il s'agit sur certains points de ressemblance, est aussi peu pertinent que de dire à un avocat en quête du plus proche parent d'un client décédé, que bien que vous ne connaissiez aucune relation, vous pouvez trouver un homme qui est l'image même de lui en personne – un fait assez bon en soi, mais qui n'est pas utile ; sauf (bien sûr) dans la mesure où la ressemblance elle-même suggère une relation – ce qu'elle peut ou non faire.

Les classes formées indépendamment de l'ascendance sont des classes selon le *principe minéralogique*, tandis que les classes formées dans cette optique sont des classes selon le principe *zoologique*. Qu'est-ce qui est recherché dans l'histoire naturelle de l'homme ? Le premier pour *l'Anthropologie* ; le second pour *l'Ethnologie*.

Mais pourquoi cet antagonisme ? Peut-être que les deux méthodes coïncident. Cette possibilité a été annoncée. La ressemblance familiale peut peut-être prouver un lien de parenté. C'est vrai : en même temps, chaque cas doit être testé sur ses propres bases. Par conséquent, la question de savoir si les Africains doivent être groupés avec les Australiens, ou si les deux classes doivent être aussi éloignées en ethnologie qu'en géographie, dépend des résultats de l'enquête spéciale sur cette connexion particulière, réelle ou supposée. Il suffit de dire qu'aucun des exemples cités ne présente une telle relation ; bien que de nombreuses théories – aussi erronées qu'audacieuses – aient été avancées pour en rendre compte.

C'est donc pour l'ethnologie que la classification est la plus nécessaire, plus que pour l'anthropologie ; de même que c'est pour la Zoologie qu'il nous faut des ordres et des genres plutôt que pour la Physiologie. Ceci repose sur certains caractères distinctifs ; dont certaines sont d'ordre physique, d'autres d'ordre moral. Chacun se divise en divisions. Il existe des phénomènes moraux et intellectuels qui ne prouvent rien en termes de relation, simplement parce qu'ils sont les effets d'un degré commun de développement civilisationnel. Quoi de plus simple que de regrouper toutes les tribus de chasseurs, de piscatoires ou de pasteurs, et d'en exclure tous ceux qui ont construit des villes, traite des vaches, semé du blé ou labouré des terres ? Les conditions communes déterminent les habitudes communes.

Encore une fois, beaucoup de choses qui semblent à première vue définies, spécifiques et caractéristiques perdent leur valeur en tant que test d'affinité ethnologique, lorsque nous examinons les familles dans lesquelles cela se produit. Dans les pays éloignés et dans les tribus très éloignées, la superstition prend une forme commune, et les croyances qui naissent indépendamment les unes des autres semblent être déduites d'une origine commune. Tout cela rend les faits de ce qu'on peut appeler l'Histoire naturelle des arts ou des religions faciles à recueillir, mais difficiles à apprécier ; dans de nombreux cas, en effet, nous sommes transportés dans l'atmosphère rare et élevée de la métaphysique. Et si différents modes d'architecture ou de sculpture, ou diverses variétés dans la pratique d'arts aussi utiles que le tissage et la construction navale, étaient attribués au même principe qui différencie le nid d'un moineau de celui d'un faucon, ou celui d'une abeille de celui d'un frelon ? ? Et s'il y avait *des instincts différents* dans l'art humain, comme dans la nidification des oiseaux ? Quoi qu'il en soit, il est clair qu'une telle doctrine doit en modifier l'interprétation. La clé de ces complications – et elles forment un nœud gordien qui doit être dénoué et non coupé – réside dans l'induction prudente de ce que nous savons vers ce que nous ne savons pas ; depuis les différences incontestables admises exister au sein de populations sans aucun doute apparentées, jusqu'aux différences plus importantes qui distinguent des groupes plus éloignés.

Cela a suffi pour indiquer l'existence de certains caractères moraux qui n'en sont en réalité pas du tout, du moins en ce qui concerne la preuve de la filiation ou de l'affiliation ; et que les phénomènes physiques du même genre sont également nombreux, on peut le déduire de ce qui a déjà été écrit.

Ce sont ces éléments d'incertitude si abondamment mêlés à presque toutes les autres classes de faits ethnologiques, qui donnent une si haute valeur, comme instrument d'investigation, au *Langage* ; dans la mesure où, bien que deux familles différentes de l'humanité puissent s'entendre pour avoir des peaux de la même couleur ou des cheveux de la même texture, sans pour autant être liées par des relations, il est difficile de concevoir comment elles pourraient s'entendre pour appeler le mêmes objets portant le même nom, sans communauté d'origine, ni relations directes ou indirectes. Affiliation ou relations sexuelles – l'un des deux – cette communauté de langage se manifeste. Il ne présente *pas* l'un à l'exclusion de l'autre . Si c'était le cas, sa valeur serait plus grande qu'elle ne l'est actuellement. Pourtant, cela indique l'un des deux ; et l'un ou l'autre fait mérite d'être recherché.

La valeur de la langue a été surestimée ; principalement, bien sûr, par les philologues. Et cela a été sous-évalué. Les anatomistes et les archéologues , et surtout les zoologistes, l'ont fait. L'historien non plus n'a pas su exactement comment l'apprécier, lorsque ses phénomènes entrent en collision avec le témoignage direct des autorités ; le principal instrument de sa propre ligne de critique.

Il est surfait de faire des affinités de langage entre deux populations une preuve *absolue* du lien dans le mode de relation. C'est surfait lorsque nous parlons de *langues immuables* et de *langues qui ne meurent jamais* . En revanche, il est indûment décrié lorsqu'un pouce ou deux de différence de stature, une différence dans le goût des beaux-arts, une modification dans la croyance religieuse ou une disproportion dans l'influence sur les affaires du monde, sont constatés. érigé comme une marque de distinction entre deux tribus parlant une seule et même langue, et semblables dans d'autres matières. Or, les erreurs de toutes sortes sont courantes.

La permanence du langage comme signe d'origine doit être déterminée, comme toute chose de même espèce, par induction ; et cela nous dit que la perte et la conservation d'une langue maternelle sont illustrées par des exemples remarquables. Cela dit dans les deux sens. A Saint-Domingue, nous avons des nègres qui parlent français ; et c'est un exemple notable de l'adoption d'une langue étrangère. Mais les circonstances étaient particulières. *Une* langue n'a pas été changée pour une autre ; puisqu'aucune langue nègre n'est prédominante. Le fait réel était celui d'un *mélange de langues* – et cela n'est pratiquement pas une langue du tout. Ainsi, lorsque le français est devenu la langue des Haïtiens , l'obstacle habituel d'une langue maternelle commune préexistante, conservée obstinément et patriotiquement, faisait défaut. Il a remplacé une masse indéfinie et conflictuelle de dialectes nègres, plutôt qu'une langue nègre particulière.

Dans les régions méridionales de l'Amérique centrale , l'ethnologie est obscure, notamment pour les républiques de San Salvador, du Nicaragua et du Costa Rica. Pourtant, si nous nous tournons vers le récit du colonel Galindo à leur sujet, nous trouvons la déclaration précise que les aborigènes existent toujours et que leur langue est l' *espagnol* ; pas n'importe quel dialecte indien indigène. Comme des affirmations similaires concernant l'extinction et le remplacement des langues originales se sont souvent révélées incorrectes, supposons qu'il s'agisse d'une affirmation exagérée – même si je n'ai aucune raison précise de la considérer comme telle. Même si cette déclaration est exagérée, elle montre néanmoins la direction dans laquelle les choses vont ; et cela va vers la suprématie d'une langue européenne.

Aux confins de l'Asie et de l'Europe se trouve la nation, tribu ou famille des Bachkirs. Leur langue actuelle est le turc. On pense cependant qu'à l'origine c'était la langue maternelle des Majiars de Hongrie.

Encore une fois, le Bulgare actuel s'apparente au Russe. A l'origine, c'était un dialecte turc.

Enfin, car j'illustre le sujet sans l'épuiser, mourut, en 1770, à Karczag , en Hongrie, un vieillard nommé Varro ; le dernier homme, en Europe, qui connaissait ne serait-ce que quelques mots de la langue de sa nation. Pourtant, cette nation était et est toujours une grande nation ; celle des anciens Turcs roumains , dont quelques-uns envahirent l'Europe au onzième siècle, pénétrèrent jusqu'en Hongrie, s'y installèrent en conquérants et conservèrent leur langue jusqu'à la mort de ce même Varron. Le reste de la nation est resté en Asie ; et les occupants actuels des parties situées entre la Caspienne et l'Aral sont leurs descendants. Les langues peuvent alors se perdre ; et l'un peut être remplacé par un autre.

Les anciens Étrusques, en tant que nation substantielle distincte, ont disparu ; leur langue aussi, dont nous savons qu'elle était particulière, est éteinte. Pourtant, le sang étrusque coule toujours dans les veines des Florentins et des autres Italiens.

D'un autre côté, l'acharnement avec lequel le langage résiste aux tentatives visant à le dépasser n'est pas commun. Sans aller en Sibérie ou en Amérique, grands *habitats* des familles brisées et fragmentées, nous en trouverons peut-être des exemples beaucoup plus proches de chez nous ! Dans l'île de Man, les Manks indigènes demeurent encore ; bien que les Nordiques dominants et les Anglo-Saxons dominants aient mis en collision leurs grandes langues absorbantes. À Malte, les ouvriers parlent arabe, avec l'italien, l'anglais et une Lingua Franca autour d'eux.

Aux extrémités occidentales des Pyrénées, on ne parle ni le français ni l'espagnol ; et est parlé depuis des siècles, voire des millénaires . C'était autrefois le discours de la moitié sud de la France et de toute l'Espagne. C'est le Basque de Gascogne.

Au contact des Turcs d'un côté, des Grecs et des Slaves de l'autre, l'Albanais d'Albanie parle encore son Skipetar natal .

Un philologue raisonnable fait de la similitude du langage une preuve *prima facie forte – très forte –* en faveur de la communauté de descendance.

Quand cela implique-t-il cela, et quand cela désigne-t-il simplement des relations commerciales ou sociales ? Nous pouvons mesurer les phénomènes des langues et exposer les résultats numériquement. Ainsi, le *pourcentage* de mots communs à deux langues peut être compris entre 1, 2, 3, 4 à 98, 99 ou tout autre nombre intermédiaire. Mais vient maintenant l'application d'une maxime. *Ponderanda non numeranda.* Nous nous demandons quels *types* de mots coïncident, et *combien ?* Lorsque les noms d'objets tels que *le feu* , *l'eau* , *le soleil* , *la lune* , *l'étoile* , *la main* , *la dent* , *la langue* , *le pied* , etc. d'accord, nous tirons une conclusion très différente de celle qui résulte de la présence de mots tels que *ennui* , *mode* , *quadrille* , *violon* , etc. Le bon sens distingue les mots susceptibles d'être empruntés d'une langue à une autre de ceux qui étaient originellement communs aux deux.

Il y a un certain nombre de mots français en anglais, *je . e.* de mots empruntés au français. Je ne connais pas le pourcentage, ni encore le temps nécessaire à leur introduction ; et, comme j'illustre le sujet, plutôt que de rechercher des résultats spécifiques, cela n'a pas d'importance. Prolongez le temps et multipliez les mots ; en gardant à l'esprit que le premier peut être fait indéfiniment. Ou bien, au lieu de cela, augmentez les points de contact entre les langues. Ce qui suit? Nous commençons bientôt à penser à un ensemble d'illustrations familier ; certains classiques et certains vulgaires - du navire delphique si souvent réparé qu'il ne conserve qu'une identité équivoque ; du couteau Highlander, avec ses deux nouvelles lames et ses trois nouveaux manches ; des bas de soie de Sir John Cutler ont dégénéré en peignés par des reprisages . Nous sommes amenés au bord d'une nouvelle question. Nous devons donc avancer lentement.

Dans les mots anglais call- *est* , call- *eth* (appel- *s*) et appelé , nous avons deux parties ; le premier étant la racine elle-même, le second un signe de *personne* ou *de temps* . Il en est de même pour les mots père -*s* , fils -*s* , etc.; sauf que le -*s* désigne *case* ; et qu'il est attaché à un substantif, au lieu d'un verbe. Encore une fois, en *plus* sage , nous avons le signe d'un comparatif ; en tout cas, *celui* d'un degré superlatif. Tout cela sont *des inflexions* . Si nous le choisissons, nous pouvons les appeler éléments *flexionnels* ; et c'est pratique de le faire ; puisque nous pouvons alors analyser les mots et en comparer les différentes parties : *e. g.* dans *call-s,* le *call-* est radical, le -*s* flexionnel .

Ayant pris connaissance de cette distinction, nous pouvons maintenant prendre un mot d'origine française ou allemande, disons *mode* ou *valse* . Bien entendu, chacun est étranger. Néanmoins, lorsqu'il est introduit en anglais, il prend une inflexion anglaise. C'est pourquoi nous disons que *si je m'habille de façon absurde, c'est la faute de la mode* ; aussi, *je valse* , je *valse* , *il valse* , et ainsi de suite . Dans ces mots particuliers, la partie flexionnelle a donc été anglaise ; même lorsque le radical était étranger. Ce n'est pas un fait isolé. Au contraire, il est suffisamment courant pour être généralisé pour que la partie *grammaticale* du langage soit accréditée d'une permanence qui a été refusée au *glossaire* ou *au vocabulaire* . L'un change, l'autre est constant ; l'un est immortel, l'autre éphémère ; l'une forme, l'autre compte.

Il est désormais imaginable que les tests glossariaux et grammaticaux soient différents. Ils le seraient *si* tous nos verbes anglais devenaient français, tout en conservant leurs inflexions anglaises en -*ed* , -*s* , -*ing* , etc. Ils le seraient si tous les verbes étaient comme *la mode* , et tous les substantifs comme *le quadrille* . Il s'agit d'un cas extrême. Pourtant, cela illustre la question. On dit que certaines langues hindoues ont les neuf dixièmes des vocables communs avec une langue appelée le sanskrit, mais *aucune* de leurs inflexions ; ce dernier étant principalement Tamul . Qu'est-ce donc que la langue elle-même ? C'est une question qui divise les philologues. Il illustre cependant la différence entre les deux tests : le *grammatical* et le *glossaire* . Parmi ceux-ci, on peut affirmer sans risque de se tromper que le premier est le plus constant.

Pourtant, la méthode philologique d'investigation requiert de la prudence. Au-delà des termes qu'une langue emprunte à une autre et qui désignent des relations sexuelles plutôt que des affinités, il existe deux autres classes de peu ou pas de valeur ethnologique.

- 1. *Les coïncidences peuvent être simplement accidentelles.* La probabilité qu'ils le soient fait partie de la doctrine du hasard. Le mathématicien peut enquêter là-dessus : le philologue se contente de trouver les *données* .

Ni l'une ni l'autre n'a été réalisée de manière satisfaisante, bien que le Dr T. Young ait tenté de le faire.

- 2. *Les coïncidences peuvent avoir une incidence* organique *connexion* . Personne ne dirait que parce que deux nations appelaient le même oiseau du nom de *coucou* , le terme avait été emprunté par l'une à l'autre, ou par les deux à une source commune. La vraie raison serait assez claire. Deux populations donnaient un nom sur des principes imitatifs et imitaient le même objet. *Fils* et *frère* , *sœur* et *fille* : si ces termes concordent, il y a de fortes chances qu'une affinité philologique soit à la base de l'accord. Mais en est-il de même pour *papa* et *mama* , identiques en anglais, en caraïbe et peut-être dans vingt autres langues ? Non. Ils montrent simplement que les enfants de différents pays commencent avec les mêmes sons.

Tels — et chaque classe est susceptible d'une grande expansion — sont les cas où la philologie appelle à la prudence. Une autre question se pose maintenant.

Pour être valable, une classification doit être *réelle* ; pas *nominal* ou *verbal* – pas un simple arrangement de bookmaker. Les familles doivent entretenir des relations à un degré défini. Cela aussi en sera une illustration. Un homme veut une relation à qui laisser son argent : c'est un Anglais, et par relation, il n'entend rien de plus éloigné qu'un cousin au *troisième* degré. Ce n'est rien pour lui si, en Ecosse, un *cinquième* cousinage est reconnu . Il n'a pas trouvé la relation qu'il désire ; il a simplement trouvé une plus grande latitude donnée au terme. Peu d'oublis ont fait plus de mal que la négligence de cette distinction. Il y a vingt ans , les langues sanskrite, slave , grecque et latine et gothique formaient une classe. Cette classe s'appelait indo-germanique. Ses limites occidentales se trouvaient en Allemagne ; c'est à l'est de l'Hindostan . Le Celtique du Pays de Galles, des Cornouailles, de la Bretagne, de l'Irlande, de l'Écosse et de l'île de Man n'y était pas inclus. Il n'était pas non plus inclus dans un autre groupe. C'était n'importe où ou nulle part, dans n'importe quel degré d'isolement. Le Dr Prichard s'est engagé à le réparer. Il l'a fait – bien et avec succès. Il montra que, loin d'être isolé, il était lié au grec, à l'allemand et au slave par une connexion avec le sanscrit, ou (en changeant l'expression) avec le sanscrit par l' intermédiaire du slave , de l'allemand et du grec - n'importe lequel ou tous. La langue maternelle dont tout cela est issu était censée être en Asie. L'ouvrage du Dr Prichard s'intitulait « L'origine orientale des nations celtiques ». Est-ce que cela a rendu le celtique indo-germanique ? C'était censé le faire. Bien plus : cela changeait le nom de la classe ; qui s'appelait maintenant, comme depuis lors, indo-européen. Incommodément. *Une* relation a été confondue avec *la* relation. Les langues précédentes étaient (disons) des cousines germaines. Le Celtic était quatrième ou cinquième.

Quel a été le résultat ? Non pas qu'un nouveau cousin germain ait été trouvé, mais le cercle familial s'est élargi.

Ce qui suit? La fixation du Dr Prichard sur le Celtique comme membre du même *clan* que l'Allemand, etc. était un ajout à la philologie ethnographique que de nombreux chercheurs inférieurs s'efforçaient de rivaliser ; et c'est devenu une croyance courante – mise en pratique sinon avouée – que les langues aussi semblables au celtique que le celtique l'était à l'allemand étaient également indo-européennes. Cette tentative est juste d'inonder la classe – de lui faire prouver trop de choses – pour la rendre inclassable du tout. Les Albanais, les Basques, les Étrusques, les Lapons et d'autres suivirent. La valeur aberrante du groupe, une fois créée, a servi de noyau à de nouvelles accumulations. Une langue étrange du Caucase – l' Irôn ou Ossétique – a été placée par Klaproth comme indo-germanique ; et cela pour des motifs raisonnables, compte tenu de l'état instable des critiques. Pendant ce temps, le géorgien, une autre langue de ces mêmes montagnes mystérieuses, veut être placé. Il a d'incontestables affinités ossètes – ou irônes . Mais l'Ossétique – ou Irôn – est indo-européen. Ainsi en est-il du Géorgien. C'est un grand exploit ; puisque les langues caucasiennes et les crânes caucasiens s'accordent désormais, ayant tous deux leurs affinités avec l'Europe — comme ils devraient l'avoir. Mais que se passerait-il si les Irôn et les Géorgiens étaient à moitié chinois, ou tibétains, *je . e.* Est-ce que toutes les langues sont monosyllabiques à la fois en grammaire et en vocabulaire ? Si tel est le cas, le terme « indo-européen » mérite d'être révisé ; et pas seulement cela : les principes selon lesquels les conditions sont fixées et les classes créées doivent également être révisés. En même temps, « L'Origine orientale des nations celtiques » contient l'ajout le plus précis à la philologie que le siècle actuel ait produit ; et le compliment approprié à ce sujet est la critique que M. Garnett en fait dans le « Quarterly » ; le premier d'une série de spécimens magistral et inégalé de philologie inductive appliqué à l'investigation de la vraie nature des inflexions du verbe. Mais c'est épisodique.

Le prochain instrument de la critique ethnologique se trouve dans les phénomènes eux-mêmes de dispersion et de répartition de notre espèce.

D'abord quant à son universalité. A cet égard, nous devons regarder minutieusement avant de trouver des endroits où l'Homme n'est *pas* . Ceux-ci, si nous les trouvons, se présenteront sous l'une des deux conditions suivantes : le climat sera extrême, ou l'isolement excessif. Pour exemples du premier cas, prenons les Polonais ; et, en ce qui concerne le cercle Antarctique, nous ne trouvons aucun habitant dans les régions glacées, rares et espacées, de son voisinage ; aucun au sud de 55° de latitude sud ou de l'extrémité de la Terre de Feu. Mais celui-ci *est* peuplé. Nous devons toutefois garder à l'esprit que dans l'océan Austral, des régions telles que les Nouvelles Shetland du Sud et la Terre Victoria sont isolées, froides et gelées.

Il faut cependant s'approcher du pôle *Nord à moins de 25° avant de perdre de vue l'Homme, ou de le trouver exclu même d'une habitation permanente.* Le Spitzberg se situe au-delà des limites d'occupation humaine. Nova Zembla , lors de sa découverte, était également inhabitée. L'Islande aussi. Ici, cependant, c'est l'isolement de l' *île* qui l'a rendu tel. Une souche d'hommes robustes, presque apparentés à nous, l'occupent depuis le neuvième siècle ; et le Groenland *continental* est peuplé jusqu'au 75e degré, mais peut-être seulement comme résidence d'été.

Loin à l'est de Nova Zembla et en face du pays des Yukahiri — un peuple rustique vivant sur les rivières Kolyma et Indijirka et à l'intérieur du cercle polaire arctique — se trouve l'île de Nouvelle-Sibérie. Je découvre dans les Voyages de Wrangell en Sibérie que certains Yukahiri expatriés auraient fui là-bas. Ont-ils vécu ou sont morts ? Ont-ils atteint l'île ? S'ils l'ont fait et ont gardé corps et âme ensemble, la Nouvelle-Sibérie est probablement l'endroit le plus septentrional du monde habité.

Comme il faut qu'un pays soit *froid* pour rester vide d'hommes, nous l'avons vu. Ces localités sont peu nombreuses. Aucun n'est trop *chaud* – à moins, en effet, que nous considérions le centre de l'Afrique équatoriale comme une solitude.

En Amérique du Sud, il y a un grand vide dans les cartes. Sur plusieurs degrés de chaque côté de la haute Amazonie s'étend une vaste étendue, dite être une jungle, et marquée *Sirionos* , le nom d'une population frontalière. Pourtant, les *Sirionos* ne sont pas, un seul instant, censés combler cette vaste interruption. En même temps, il y en a peu, voire aucun. Ce tract est-il un triste déchet inhumanisé ? On dit qu'il en est ainsi : il est humide, ligneux et extrêmement paludéen . Mais cela signifie simplement qu'il existe une forêt et un marécage d'une certaine ampleur et d'un certain degré d'impénétrabilité.

D'autres zones de ce type sont inexplorées – et pourtant nous présumons qu'elles sont occupées ; bien que très finement : *e. g.* les intérieurs de la Nouvelle-Guinée et de l'Australie.

Il est bien connu que le Groenland était connu des premiers Islandais. Et il est également certain qu'elle était occupée au moment où cela a été connu pour la première fois. L'une des localités géographiques mentionnées dans une ancienne Saga a un mot esquimau pour un de ses éléments : *Utibuks -firth* = *le estuaire de l'isthme* ; *Utibuk* en esquimau signifiant *isthme* .

Parmi les îles primitivement inhabitées, celles qui sont à la fois vastes et proches des continents sont Madère et l'Islande, la première étant une forêt solitaire. Les Canaries, quoique plus petites et plus isolées, ont été occupées par la remarquable famille des Guanches. Ajoutez à cela l'Ascension, Sainte-Hélène, les Galapagos, l'île de Kerguelen et quelques autres.

L'île de Pâques, point du vaste Pacifique, située à mi-chemin entre l'Asie et l'Amérique, offrait à ses premiers découvreurs des habitants et des ruines.

Telle est la répartition *horizontale* de l'Homme ; *c'est à dire* sa répartition selon les degrés de latitude. Quel autre animal a une telle autonomie ? Quelle espèce ? Quel genre ou ordre ? Comparez avec cela les habitats localisés de l'orang- outan et du chimpanzé en tant qu'espèces ; des singes en tant que genres ; des Marsupialia comme ordres.

La répartition *verticale* est tout aussi large. Par *verticale* , j'entends l'élévation au-dessus du niveau de la mer. Sur les hauts plateaux de Pamer , nous avons les Kerghiz ; du moins les visiteurs d'été, où seul le *Yak* , parmi les animaux domestiques, vit et respire dans une atmosphère raréfiée. La ville de Quito s'élève à plus de 10 000 pieds au-dessus de la mer ; Walcheren est peut-être en dessous de ce niveau.

Qui s'attend à une uniformité de physionomie ou de silhouette avec une telle répartition ?

La taille des zones ethnologiques. — Comparativement parlant, l'Europe est divisée à parts égales entre les familles européennes. Les populations slaves de Bohême, de Silésie, de Pologne, de Serbie et de Russie ont peut-être plus que ce qui leur est dû ; néanmoins les Français, les Italiens, les Espagnols, les Portugais et les Valaques, tous parlant des langues d'origine classique, ont leur part ; tout comme notre propre famille germanique ou gothique composée d'Anglais, de Hollandais, de Frisons, de Bavarois et de Scandinaves. Il existe néanmoins quelques familles aussi limitées par leur aire géographique que subordonnées par leur importance politique. Il y a les Escaldunac , ou Basques, — à l'origine occupants de toute l'Espagne et de la moitié de la France, aujourd'hui retranchés dans un coin des Pyrénées — les Gallois de la péninsule ibérique. Il y a aussi les Skipetar , ou Albanais ; coincé entre la Grèce, la Turquie et la Dalmatie. Néanmoins, les domaines respectifs des familles européennes sont répartis à peu près également ; et le pays d'Europe est comme une loterie dont tous les prix sont d'une valeur appréciable.

La comparaison avec l'Asie le vérifie. En contact immédiat avec la vaste population turque concentrée dans la Tartarie indépendante, mais répartie sur une zone s'étendant, plus ou moins continuellement, de l'Afrique à la mer Glaciale (une zone plus vaste que l'Europe entière), viennent les tribus du Caucase—Géorgiens, Circassiens, Lesgiens , Mizjeji et Irôn ; cinq groupes bien définis, chacun se répartissant en divisions subordonnées, et certains d'entre eux en subdivisions. La langue de Constantinople est comprise à la Léna. Dans la chaîne de montagnes située entre la Caspienne et la mer Noire, les langues mutuellement inintelligibles sont au moins quinze, peut-être plus, certainement pas moins. Or, l'étendue du territoire couvert par la famille turque montre l'ampleur que peut atteindre une aire ethnologique ; tandis que la multiplicité des langues du Caucase, mutuellement inintelligibles, montre à quel point les familles peuvent être serrées. Leur juxtaposition géographique fait ressortir le contraste.

A première vue, ce contraste semble remarquable. Loin d'être le cas, cela se produit continuellement. En Chine, la langue est une et indivisible : sur sa frontière sud-ouest, les langues se comptent par douzaines – tout comme si dans le Yorkshire il n'y avait qu'un seul dialecte provincial ; deux dans le Lincolnshire ; et vingt à Rutland.

Le même contraste réapparaît en Amérique du Nord. Au Canada et dans les États du Nord, la région algonquine est mesurée par les degrés de latitude et de longitude ; en Louisiane et en Alabama au kilomètre et demi.

La même chose en Amérique du Sud. Une seule langue, le guarani, couvre la moitié du continent. Ailleurs, une dixième partie contient une partition.

La même chose en Afrique australe. De la Ligne jusqu'aux environs du Cap tout est Kaffre . Entre la Gambie et le Gabon , il existe plus d'une vingtaine de divisions différentes.

C'est pareil dans le Nord. Les Berbères s'étendent de la vallée du Nil jusqu'aux Canaries et de la Méditerranée jusqu'aux environs de Bornéo. À Bornéo, on dit qu'il existe trente langues différentes.

Telles sont les zones en termes de taille et les unes par rapport aux autres ; comme les évêchés et les curés de notre église, grands et petits, avec difficulté à connaître la moyenne. Cependant, les simples épithètes *grand* et *petit* sont suggestives ; puisque le premier implique un *empiètement* , le second un *déclin* de la population.

Une répartition sur les continents est une chose ; une répartition sur les îles une autre. La première est plus facile à réaliser lorsque le monde est jeune et lorsque les occupants précédents ne créent aucun obstacle. La seconde implique la compétence et l'esprit d'entreprise maritimes, et la compétence maritime s'améliore avec l'expérience de l'humanité. C'est à cette classe qu'appartient l'un des plus grands faits de répartition et de dispersion ethnologique. Toutes les îles du Pacifique sont peuplées des membres d'une seule souche ou famille : les Polynésiens. On les trouve au nord jusqu'aux îles Sandwich, au sud jusqu'en Nouvelle-Zélande et dans l'île de Pâques, à mi-chemin entre l'Asie et l'Amérique. Voilà pour la *dispersion* . Mais ce n'est pas tout : la *répartition* est tout aussi remarquable. Madagascar est une île africaine plutôt qu'asiatique ; à proximité de l'Afrique ; l'île exacte pour une population africaine. Pourtant, ethnologiquement, elle est asiatique – la même famille que l'on retrouve à Sumatra, à Bornéo, aux Moluques, aux Mariannes , aux Carolines et en Polynésie étant également malgache .

Contraste entre populations contiguës. — La ressemblance ethnologique ne coïncide nullement avec la contiguïté géographique. Le caractère général des familles circumpolaires du cercle polaire arctique est celui des Lapons, des Samoéides et des Esquimaux. Pourtant, la zone de population qui entoure les rivages inhospitaliers de la mer polaire n'est pas exclusivement lapone ou samoéide , ni encore esquimau. En Europe, le Lapon trouve un contraste de chaque côté. Il y a le Norvégien à l'ouest ; le Finlandais à l'est. Nous pouvons expliquer cela. Le premier n'est qu'un occupant récent ; pas un naturel, mais un intrus. C'est ce que nous déduisons de la répartition méridionale des autres membres de sa famille, qui sont danois, allemands, hollandais, anglais et américains. Pour la même raison, l'Islandais diffère du Groenlandais. Le Finlandais , bien que plus étroitement allié aux Lapons que le Norvégien – appartenant à la même grande famille ougrienne de l'humanité – n'en reste pas moins un membre méridional de sa famille ; famille dont la continuation s'étend jusqu'à la basse Volga, et dont on trouve des prolongements en Hongrie. À l'est du Finlande , le Russe déplace le Samoéide typiquement circumpolaire ; tandis qu'à l'embouchure de la Léna nous avons les Yakoutes, turcs de sang, de langue et, dans une certaine mesure, de forme aussi.

En Amérique, la population circumpolaire est généralement esquimau. Pourtant, à un moment donné, nous trouvons même le bord de la côte arctique occupé par une population d'athlètes grands et beaux, mesurant six pieds de haut, bien bâtis et beaux de visage. Ce sont les Indiens Digothi , appelés aussi Loucheux. Leur localité est l'embouchure de la rivière M c Kenzie ; mais leur langue montre que leur origine est plus au sud — *i . e.* qu'ils sont des Koluches dans la région des Esquimaux.

En Afrique australe, les Hottentots sont géographiquement proches des Kaffre , mais le contraste entre les deux est considérable. Les exemples similaires sont nombreux. Que désignent-ils ? Généralement, mais pas toujours, ils dénotent un empiètement et un déplacement ; l'empiétement qui nous indique laquelle des deux familles a été la plus forte, et le déplacement qui a l'effet suivant. Il efface les formes intermédiaires et transitionnelles qui relient les variétés, et amène ainsi les cas les plus extrêmes de différence dans le contact géographique et dans le contraste ethnologique ; par conséquent , *l'empiétement* , *le déplacement* et l' *effacement des formes transitionnelles* sont des termes nécessaires à la pleine application du phénomène de distribution en tant qu'instrument de critique ethnologique.

Continuité et isolement. — En Sibérie, il existe deux populations isolées : les Yakoutes sur la basse Léna et les Soiot sur la haute Ienesey . Les premiers, comme je l'ai dit, sont turcs ; mais ils sont entourés de nations autres que les Turcs. Ils sont coupés du reste du stock.

Les Soiot sont également entourés de populations étranges. Leurs véritables parents sont les Samoéides de la Mer Glacée ; mais entre ces deux branches de la souche se trouve une population hétérogène de Turcs et de Yénésiens , ce qu'on appelle.

La grande famille iroquoise d'Amérique est séparée en deux parties : l'une du nord et l'autre du sud. Entre eux se trouvent certains membres de la classe algonquine . Comme les Soiot et les Samoéides du Nord , les deux branches des Iroquois sont séparées.

Les Majiars de Hongrie sont entièrement encerclés par des populations non hongroises ; et leurs plus proches parents sont les Voguls des montagnes de l'Oural, loin au nord-est de Moscou.

Cela montre que les aires ethnologiques peuvent être soit ininterrompues, soit interrompues ; continu ou discontinu; ininterrompu ou avec des fragments isolés ; et un peu de réflexion montrera que *partout où il y a isolement, il y a eu déplacement* . Que la terre ait augmenté ou que la mer ait empiété est une autre question. Nous savons pourquoi les Majiars se distinguent des autres nations ougriennes. Ils se sont introduits en Europe au cours de la période historique, se frayant un chemin à coups d'épée ; et les relations entre eux et leurs plus proches parents n'ont jamais été plus importantes qu'elles ne le sont actuellement.

Mais nous ne savons rien de tel concernant les Iroquois ; et nous en déduisons quelque chose de tout le contraire. Nous croyons qu'ils détenaient autrefois tout le pays qui sépare aujourd'hui leurs deux branches, et bien plus encore. Mais les Algonquins ont empiété ; en les dépossédant en partie et en les laissant en partie occupés.

Mais dans les deux cas, il y a eu *déplacement* ; et le déplacement est la déduction de la *discontinuité* .

Mais nous devons nous rappeler que la véritable discontinuité ne peut exister que sur *les continents* . Les populations de deux *îles* peuvent être d'accord, tandis que celles de tout un archipel situé entre elles peuvent différer. Il ne s'agit pourtant pas d'une discontinuité ; puisque la mer est une chaîne ininterrompue et que l'obstacle intermédiaire peut être contourné au lieu de franchir. Le chemin le plus proche du continent asiatique jusqu'à l'archipel tahitien, la partie la plus proche de la Polynésie, passe *par* la Nouvelle-Guinée, la Nouvelle-Irlande et les Nouvelles-Hébrides. Toutes ces îles sont cependant habitées par une division différente de la population océanienne. Est-ce que cela indique un déplacement ? Non! Il suggère simplement les Philippines, les Pelews , les Carolines , les groupes Ralik et Radak et les îles des Navigateurs, comme route ; et c'était presque certainement le cas.

NOTE DE BAS DE PAGE

[10] Mill (vol. ii.), parlant du sujet connexe de l'histoire morale de l'homme.

CHAPITRE IV.

Détails de répartition — leur caractère conventionnel — convergence de la circonférence vers le centre — Fuégiens ; Indiens Patagoniens, Pampa et Chaco — Péruviens — Personnages de D' Orbigny — Autres Indiens d'Amérique du Sud — des Missions — de Guyane — du Venezuela — Guarani — Caraïbes — Amérique centrale — Civilisation mexicaine pas de phénomène isolé — Indiens d'Amérique du Nord — Esquimaux — apparents objections à leur lien avec les Américains et les Asiatiques — Tasmaniens — Australiens — Papous — Polynésiens — Micronésiens — Malagasi — Hottentots — Kaffres — Nègres — Berbères — Abyssins — Coptes — la famille sémitique — Migrations primaires et secondaires.

Si le monde habité était une grande île circulaire ; si l'on admettait que sa population était répandue sur sa surface à partir d'un seul point ; et si ce seul point était à la fois incertain et exigeant une enquête, quelle serait la méthode de nos enquêtes ? Je suppose que l'histoire et la tradition sont muettes et que l'absence d'autres *données* du même genre nous oblige à nous en tenir aux probabilités générales du cas et à une grande quantité d' arguments *a priori* .

Nous devrions nous demander quel point nous donnerait le phénomène existant avec le moins de migration ; et nous devrions poser cette question sur la base du simple principe de ne pas multiplier inutilement les causes. La réponse serait : *le centre* . A partir du centre , on peut peupler les parties autour de la circonférence sans faire de ligne de migration plus longue qu'un demi-diamètre ; et sans supposer qu'une de ces nombreuses lignes soit plus longue que l'autre. Ce dernier point est le point principal, le point qui nous fixe plus spécialement au centre comme lieu de naissance hypothétique ; car, dès l'instant où nous disons qu'une partie quelconque de la circonférence a été atteinte par une ligne plus courte ou plus longue que toute autre, nous faisons une affirmation spécifique, nécessitant des arguments spécifiques pour la soutenir. Ceux-ci peuvent exister ou non. Cependant, jusqu'à ce qu'ils aient été avancés, nous appliquons la règle *de non apparentibus* , etc., et nous en tenons à notre point conventionnel et provisoire au centre - en nous rappelant, bien sûr, son caractère provisoire et conventionnel, et en reconnaissant son existence uniquement comme tant que la recherche de quelque chose de plus réel et de plus précis se poursuit.

Dans la terre telle qu'elle est, nous pouvons faire quelque chose de semblable ; en prenant six points extrêmes comme points de départ et en étudiant dans quelle mesure ils *convergent* . Ces six points sont les suivants : -

* 1. Terre de Feu.

* 2. Tasmanie (Terre de Van Diemen).

- 3. Île de Pâques, extrémité la plus éloignée de la Polynésie.

- 4. Le Cap de Bonne-Espérance, ou le pays des Saabs (Hottentots).

- 5. Laponie.

- 6. Irlande.

À partir de là, nous travaillons à travers l'Amérique, l'Australie, la Polynésie, l'Afrique et l'Europe, jusqu'à l'Asie, dont une partie nous donne notre *centre conventionnel, provisoire et hypothétique* .

I. *De la Terre de Feu aux régions nord-est de l'Asie.* — Les Fuégiens de l'île ont si rarement été séparés des Patagoniens du continent, qu'il n'y a aucun élément d'incertitude reconnu dans ce quartier, si éloigné soit-il. Les habitudes maritimes les relient à leurs voisins du nord de l'ouest ; et ce long labyrinthe d'archipels qui court jusqu'à la frontière méridionale du Chili est également fuégien et patagonien. Ici, nous nous souvenons des habitudes de certaines tribus malaises, sous un ciel très différent et parmi les îlots autour de Sincapore , des Bajows , ou seagipsies , bateliers dont la maison est sur l'eau, et aussi infixes que cet élément. ; des vagabonds d'un groupe à l'autre ; des pêcheurs plutôt que des commerçants ; pas assez forts pour être des pirates, ni assez industrieux pour être des cultivateurs. L'habileté dont fait preuve le Fuégien se manifeste dans son canot, ses pagaies, ses lances, son arc, ses frondes et son architecture domestique. Tous sont grossiers : les cordes de l'arc sont faites exclusivement de tendons d'animaux, ses flèches sont coiffées de pierre. Il y a peu de bois, et moins de métal ; et, si basse que soit la latitude, on dit que l'habillement ou le déshabillage se rapproche plus de la nudité absolue que l'on ne le trouve dans beaucoup de pays intertropicaux.

En taille, ils sont inférieurs aux Patagoniens continentaux ; en termes de couleur et de conformation physique, ils s'en rapprochent de très près. Le même visage large et aplati apparaît chez les deux, rappelant à certains écrivains les Esquimaux, à d'autres les Chinuk . Leur langue fait certainement référence à la classe patagonienne, bien que probablement inintelligible pour un Patagonien.

Au sein de l'île elle-même, il existe des différences ; degrés d'inconfort; et des degrés dans ses effets sur la structure corporelle. À l'extrémité orientale [11] , la population portait des peaux d'animaux terrestres et ressemblait davantage à des chasseurs qu'à des pêcheurs et des chasseurs de phoques. Sinon, en règle générale, les Fuégiens sont *des bateliers* .

Ce n'est pas le cas de leurs plus proches parents. Ce sont tous des cavaliers ; et dans leurs localités les plus septentrionales, les plus redoutables du monde : les Patagoniens de stature considérable mais exagérée, les Indiens Pampa entre Buenos Ayres et les Andes méridionales, et, plus haut, les Indiens Chaco du système d'eau de la rivière Plata . A celles-ci il faut ajouter deux autres familles, l'une sur le Pacifique et l'autre sur l'Atlantique, les Araucaniens du Chili et les Charruas du bas La Plata.

Sauf dans les hauteurs impraticables des Andes du Chili et, comme nous l'avons suggéré plus haut, dans l'île de la Terre de Feu, les mêmes habitudes équestres caractérisent toutes ces populations ; et tous, la même indépendance indomptable et sauvage. Parmi les Indiens Chaco, les Tonocote sont partiellement sédentaires et imparfaitement christianisés ; mais les Abiponiens , très centaures dans leur équitation passionnée, les Mbocobis , les Mataguayos et autres, sont la crainte des Espagnols en ce moment. La résistance des Araucaniens du Chili a donné une épopée [12] au pays de leurs conquérants.

Chez les Charruas, tout homme était un guerrier ; autonome, fort et cruel; avec sa main contre l'Espagnol et avec sa main contre les autres aborigènes. Ils en exterminèrent beaucoup et, trop fiers pour entrer dans des confédérations, combattirent toujours seuls. En 1831, le président de l'Uruguay ordonna leur destruction totale et ils furent coupés, racines et branches ; il ne reste que quelques survivants.

Sans les Fuégiens, cette division est éminemment naturelle ; pourtant les Fuégiens ne peuvent en être déconnectés. Comme preuve que les différences physiques sont minimes, j'ajouterai la description d'un naturaliste, D'Orbigny , qui les sépare. Ils se situent évidemment dans un petit périmètre.

- *un. Branche araucanienne des Ando- Péruviens.* — Couleur olive clair; forme massive; tronc quelque peu disproportionné; visage presque circulaire ; nez court et plat ; lèvres fines; physionomie sombre , froide.

- *b. Branche Pampa des Indiens Pampa.* — Couleur brun olive foncé ou *marron* ; forme herculéenne; front voûté ; face grande, plate, oblongue ; nez court; narines grandes; bouche large; lèvres grandes; yeux horizontaux ; physionomie froide, souvent sauvage.

D'Orbigny n'est en aucun cas un écrivain enclin à sous-estimer les différences. Il place néanmoins les *Péruviens* et les Araucaniens dans la même division primaire. Cela montre que, si d'autres personnages les relient, il n'y a rien de très concluant en termes de physionomie contre leur relation. Je pense que certains autres caractères les *relient* , le langage en particulier. En même temps, on ne peut nier des contrastes importants. La civilisation du Pérou n'a pas d'analogue au-delà des tropiques ; et si nous devons considérer cela comme un phénomène *en soi* , en raison d'un instinct aussi différent de ceux des Charrua que les impulsions architecturales de l'abeille et du frelon, nos lignes de démarcation doivent être larges et tranchées. Pourtant, aucune ligne de ce type ne peut être tracée. Les membres incontestables de la souche Quichua des Incas Péruviens (architectes et conquérants, comme l'était cette branche particulière) ne sont que des Indiens ordinaires, comme les Aymaras . Bien plus, les Péruviens modernes, comparés à leurs ancêtres, appartiennent à la même catégorie. Les occupants actuels des régions autour de Titicaca et de Tiaguanaco s'étonnent des ruines qui les entourent et confessent leur incapacité à rivaliser avec elles, tout comme un Grec moderne pense au Jupiter Phidien et se désespère. Là encore, l'écart est pris en compte puisque la plupart des populations intermédiaires qui auraient pu présenter des caractères de transition ont soit disparu, soit dénationalisées. Entre les Péruviens et les Araucaniens, les Atacamas et les Changos sont les seules populations restantes, au nombre de moins de 10 000 et peu connues.

Néanmoins, une population sans équivoque alliée de la souche péruvienne nous emmène du 28° S. lat. à l'équateur. Son unité en elle-même est incontestable ; et son contraste avec les familles les plus proches n'est pas plus grand que les déplacements qui ont eu lieu aux alentours et que notre propre ignorance à l'égard des parties en contact avec elle.

De toutes les populations du monde, la Péruvienne est la plus *verticale* dans sa direction. Sa ligne est plein nord et sud ; sa largeur mais étroite. Le Pacifique est d'un côté et les Andes de l'autre. L'une est une limite aussi précise que l'autre. Lorsque nous traversons les Cordillères, le type péruvien a changé.

Les Péruviens se situent entre les tropiques. Ils traversent l'équateur. L'une de leurs républiques, l'Équateur, tire même son nom de son méridien. Mais ce sont aussi des alpinistes ; et, bien que leur soleil soit celui de l'Afrique, leur sol est celui de l'Himalaya. Par conséquent, leur localité présente un conflit, un équilibre ou un antagonisme d'influences climatologiques ; et les degrés d'altitude s'opposent à ceux de latitude.

Encore une fois, *leur ligne de migration est à angle droit avec leur parallèle équatorial* , si nous supposons qu'ils sont venus d'Amérique du Nord. La portée de ceci est la suivante : — La ville de Quito est à peu près aussi éloignée du Mexique au nord qu'elle l'est de la Guyane française à l'ouest. Or, si nous supposons que la ligne de migration ait atteint le Pérou à partir de ce dernier pays, les arrière-arrière-ancêtres des Péruviens seraient des peuples aussi intertropicaux qu'eux, et les influences du climat coïncideraient avec les influences de l'ascendance ; tandis que s'ils étaient originaires de l'Amérique du Nord, leurs ancêtres d'une génération correspondante représenteraient l'effet d'un climat situé à vingt-cinq degrés plus au nord, ceux-ci, à leur tour, descendant des occupants des régions tempérées, et eux de ceux des régions tempérées. de la zone glaciale. La portée réelle de la relation entre les lignes de migration – réelles ou hypothétiques – et les degrés de latitude n'a pas encore été dûment appréciée. Dire que ces derniers ne valent rien parce que l'Indien intertropical d'Amérique du Sud n'est pas aussi noir que le nègre, c'est comparer des choses qui se ressemblent sur un point seulement.

C'est au Pérou que les anciens vestiges sépulcraux ont une ethnologie compliquée. Les crânes des anciens lieux de sépulture sont aplatis de manière surnaturelle. Considérez cela comme naturel ; et vous avez de bonnes raisons de reconnaître une nouvelle espèce du genre *Homo* . Mais est-ce légitime de le faire ? Je crois que non. Il est bien connu que la pratique consistant à aplatir la tête des nourrissons était autrefois une coutume aussi répandue et courante au Pérou qu'elle l'est aujourd'hui dans de nombreuses autres régions de l'Amérique du Nord et de l'Amérique du Sud. Alors pourquoi ne pas expliquer ainsi l'aplatissement ancien ? Je considère que les écrivains qui hésitent à le faire devraient entreprendre la tâche difficile de prouver un résultat négatif : sinon ils multiplient inutilement les causes.

Deux stocks d'une immense ampleur occupent une si grande proportion de l'Amérique du Sud que, bien qu'ils ne soient pas en contact géographique immédiat avec les Péruviens, ils doivent être mentionnés ensuite dans l'ordre ici. Ils sont mentionnés maintenant afin de nous permettre de traiter d' *autres familles* plus *petites* . Ces deux grands stocks sont le Guarani et le Carib ; tandis que les cours immédiatement sous préavis sont :

Les autres Sud-Américains qui ne sont ni caraïbes ni guarani. — Cette division est artificielle ; étant basé sur un caractère négatif ; et c'est géographique plutôt qu'ethnologique. La première branche en est celle que d'Orbigny appelle *Antisiens* , et qu'il rattache immédiatement aux Péruviens proprement dits ; tous deux étant membres de cette division primaire à laquelle il faisait référence aux Araucaniens, les Araucaniens étant la troisième branche des *Ando* -Péruviens ; les deux autres étant le...

- *un. Branche péruvienne* . — Couleur brun olive foncé; forme massive; tronc long proportionnellement aux membres; front reculant; nez aquilin ; bouche grande ; physionomie sombre :—Péruviens Aymara et Quichua.

- *b. Antisien bifurquer.* — Couleur variant d'une olive foncée à presque blanche ; forme non massive ; le front ne recule pas ; physionomie vive, douce :— Yuracarés , Mocéténès , Tacanas , Maropas et Apolistas .

Les Yuracarés , Mocéténès , Tacanas , Maropas et Apolistas sont *des Antisien* ; et leur localité est le versant oriental des Andes [13] , entre 15° et 18° de latitude sud. Ici, ils habitent dans un pays densément boisé, plein de ruisseaux de montagne et de leurs vallées correspondantes. Une partie d'entre eux au moins a la peau tellement plus claire que celle des Péruviens, qu'elle doit son nom à sa couleur : *Yurak-kare = homme blanc* .

A l'ouest des Antisiens se trouvent les Indiens des *Missions* de Chiquito et Moxos , ainsi appelés parce qu'ils ont été sédentarisés et christianisés. Les caractères physiques de ceux-ci sont également ceux de D' Orbigny . Il place cependant la division dans le même groupe que les Patagons.

- *un. Chiquito bifurquer.* — Couleur olive clair; forme modérément robuste; bouche modérée; lèvres fines; traits délicats; physionomie animée :—Indiens de la Mission de Chiquitos .

- *b. Moxos bifurquer.* — Forme robuste ; lèvres épaisses; des yeux pas *bridés* ; physionomie douce :—Indiens de la Mission de Moxos .

Et maintenant nous sommes sur le grand système d'eau des Amazones ; avec les effets combinés de la chaleur et de l'humidité. Ce ne sont pas les mêmes qu'en Afrique. Il n'y a pas de nègres ici. La peau est dans certains cas jaune plutôt que brune ; dans certains cas, il a une teinte rouge. La stature aussi est basse ; pas comme celui du nègre, grand et volumineux. Il est évident que la chaleur n'est pas tout ; et qu'il peut avoir une intensité intertropicale sans nécessairement affecter la couleur au-delà d'un certain degré. Quant aux différences entre les conditions physiques du Brésil et de la Guyane, d'une part, et celles des pays que nous avons examinés, de l'autre, elles sont importantes. L'état du sol et du climat détermine l'agriculture. Cela nous donne un contraste avec les Indiens Pampa ; tandis que, chez les Péruviens, il n'y a plus les Andes avec leurs concomitantes ; ce n'est plus la variété du climat au sein d'une même latitude, l'abondance des matériaux de construction et l'absence de rivières. Bateliers, cultivateurs et forestiers— *i* . *e.* chasseurs des bois plutôt que de la prairie ouverte, telles sont les familles en question. En groupes de *faible* valeur classificationnelle, ils se divisent et se subdivisent indéfiniment plus que ne l'ont suggéré les quelques chercheurs ; en fait, d'Orbigny les rassemble tous dans une seule classe.

Les tribus de l'Orénoque forment la dernière section des Indiens, qui ne sont ni Guarani ni Caribs ; et ce bref avis de leur existence ouvre la voie à un récit un peu plus complet des deux familles suivantes.

Les Guarani couvrent à eux seuls plus de terres que toutes les autres tribus réunies entre les Amazones, les Andes et La Plata : mais il n'est pas sûr que leur superficie soit continue. Dans la province bolivienne de Santa Cruz de la Sierra, et au contact des Indiens des Missions et du Chaco, nous trouvons les Chiriguanos et les Guarayos — et ce sont des Guarani. Puis, au nord jusqu'à l'équateur, et jusqu'au fleuve Napo, à la frontière du Pérou, on trouve les Omaguas à tête plate , les marins fluviatiles (pour ainsi dire) des Amazones ; et ce sont aussi des Guarani.

Toutefois, la majeure partie du stock est brésilienne ; en effet, *brésilien* et *guarani* ont parfois été utilisés comme synonymes. Il existe cependant d'autres Guarani à Buenos Ayres ; il y a des Guarani aux confins de la Guyane ; et il y a des Guarani au pied des Andes. Mais au milieu de la grande mer des populations guarani, des fragments d'autres familles se détachent comme des îles ; il est donc probable que la famille en question ait été agressive et intrusive, qu'elle ait effectué des déplacements et qu'elle ait remplacé un certain nombre de variétés transitionnelles.

Les Caraïbes se rapprochent, sans égaler , des Guarani, par l'ampleur de leur superficie. Cela se situe principalement en Guyane et au Venezuela. La principale population de Trinidad *est* celle des Antilles , *celle* des Caraïbes. Les Caraïbes, les Incas Péruviens, les cavaliers pampas et les bateliers fuégiens représentent les quatre extrêmes des populations sud-américaines.

Dans certaines tribus brésiliennes, on retrouve l'œil oblique des Chinois et des Mongols.

Afin de montrer à quel point une multiplicité de petites familles peut non seulement exister, mais exister au voisinage de grandes aires ethnologiques, j'énumérerai les tribus des Missions, du Brésil, de la Guyane et du Venezuela, pour lesquelles les vocabulaires ont été examinés. , et dont on croit que les langues, soit à partir de la comparaison de spécimens, soit sur la base de preuves directes, sont mutuellement inintelligibles ; en partant du principe que les différences sont plus susceptibles d'être exagérées que sous-estimées, et que le nombre de tribus inconnues en ce qui concerne leurs langues est probablement aussi grand que celui des tribus connues.

A. Entre les Andes, les Missions et les 15' et 17' S. L. viennent les Yurakares ; dont la langue différerait de celle des Mocéténès , Tacana et Apolistas , d'autant que ceux-ci diffèrent entre eux.

B. Dans les missions viennent-1. Les Moxos . 2. Le Movima . 3. Le Cayuvava . 4. Les Sapiboconi — ceux-ci appartiennent à Moxos . À Chiquitos, il y a—1. La Covareca . 2. Le Curuminaca . 3. Les Curavi . 4. La Curucaneca . 5. La Corabèque . 6. Le Samucu .

C. Au Brésil, les tribus, autres que les Guarani, dont j'ai vu des vocabulaires représentant des langues mutuellement inintelligibles, sont :

- 1. Le Botocudo, le plus féroce des cannibales.

- 2. Le Goitaca , connu des Portugais sous le nom de *Coroados* ou *Tonsuré* .

- 3. Le Camacan avec plusieurs dialectes.

- 4. Les Kiriri et Sabuja .

- 5. Les Timbira .

- 6. Les Pareci , population prédominante du Mata Grosso.

- 7. Le Mundrucu , sur la rive sud de l'Amazonie entre les rivières Mauhé et Tabajos .

- 8. Le Muru .

- 9, 10, 11. Le Yameo , le Maina et le Chimano entre la Madera et l' Ucayale .

- 12. Les Coretu , la seule sur quarante tribus que nous connaissons par un vocabulaire, pour les parties situées entre la rive gauche des Amazones et la droite du Rio Negro.

D. De la Guyane française, espagnole et hollandaise, je ne connais que peu de choses. Les recherches de Sir R. Schomburgk ont jeté une lumière vive sur la Guyane *britannique* . Ici, outre de nombreuses divisions bien marquées du groupe Carib, nous avons-

- 1. Les Warows , bateliers arboricoles — bateliers parce qu'ils occupent le delta de l'Orénoque et la basse côte du nord de la Guyane — et arboricoles parce que les crues les poussent dans les arbres pour se loger. Physiquement, les Warows ressemblent à leurs voisins ; mais leur langue n'a été réduite à aucune classe, et leurs habitudes particulières les placent en fort contraste avec la plupart des autres Sud-Américains. Ce sont les Marais d'un pays qui est à la fois un delta et une forêt.

- 2. Le Taruma .

- 3. La Wapisiana , avec les Atúrai , les Daúri et les Amaripas comme sections éteintes ou presque éteintes, elles-mêmes ne comptant qu'une population de quatre cents personnes.

E. Le Venezuela signifie le système d'eau de l'Orénoque, et nous avons ici les langues mutuellement inintelligibles de...

- 1. *Les Salivi* , dont les Aturi sont une division, les Aturi connus par la description par Humboldt de leur grande caverne sépulcrale sur les cataractes de l'Orénoque ; où plus de six cents corps étaient conservés dans des sacs ou des paniers tressés, certains momies, certains squelettes, certains vernis avec des résines odoriférantes, certains peints à l' arnotto , certains blanchis en blanc, certains nus. Cette coutume réapparaît dans certaines parties de la Guyane. Les Salives ont subi de grands déplacements ; puisqu'il y a de bonnes raisons de croire que leur langue était autrefois parlée à Trinidad.

- 2. *Les Maypures* .

- 3. *L' Achagua* .

- 4. *Les Yarura* , auxquels les *Betoi* sont alliés ; et peut-être...

Les Ottomaka . — Ce sont les *mangeurs de saleté* . Ils se remplissent l'estomac d'une argile onctueuse qu'on trouve dans leur pays ; et cela, que la nourriture d'une meilleure sorte soit abondante ou déficiente.

Il y a beaucoup de différence ici ; mais là où il y a des divergences sur certains points, il y a si souvent un accord sur d'autres qu'on ne reconnaît actuellement aucune difficulté très tranchée qui s'oppose à la doctrine selon laquelle les Sud-Américains sont spécifiquement liés. Lorsque cela se produit, ce sont généralement des déductions soit de la civilisation supérieure des anciens Péruviens, soit de la particularité de leurs crânes. Cette dernière a été envisagée. La première ne semble en rien différente en nature de celle de plusieurs autres familles américaines : les Muysca de la Nouvelle-Grenade, les Mexicaines et les Mayas plus au nord. Mais cela pourrait s'avérer trop ; puisque cela peut être simplement une raison pour isoler les Mexicains, etc. Qu'il en soit ainsi. La question peut rester en suspens pour le moment.

On a maintenant vu quelque chose de deux classes de phénomènes qui apparaîtront et réapparaîtront dans la suite : à savoir. la grande différence dans les conditions physiques de régions telles que les Fuégiens, les Pampas, les Péruviens et les Warows , et le contraste entre l'extension géographique de groupes aussi vastes que les Guarani et de petites familles comme les Wapisiana , les Yurakares et les plus d'une vingtaine d'autres.

Il existe un grand fossé entre l'Amérique du Sud et l'Amérique centrale : il n'est pas non plus sûr de dire que la ligne des Andes (ou l'isthme de Darien) constitue la seule ligne de migration. Il ne faut pas non plus oublier les îles qui relient la Floride et les Caracas.

Les indigènes de la Nouvelle-Grenade ne sont qu'imparfaitement connus. A Veragua, quelques petites tribus ont été décrites. Au Costa Rica, il y a encore des Indiens, mais ils parlent entièrement ou généralement espagnol. Il en va probablement de même au Nicaragua. Les Indiens Moskito sont imprégnés à la fois de sang noir et de sang blanc et sont anglicisés en ce qui concerne leur civilisation telle qu'elle est. Des Antilles, il ne reste plus que les Caraïbes de couleur foncée de Saint- Vincent . Au Guatimala , le péruvianisme réapparaît ; et les vestiges architecturaux témoignent d'un développement industriel – agriculture et vie en ville. Les Andes intertropicales ont leur propre art ; essentiellement la même chose au Mexique et au Pérou ; vu le mieux dans ces deux pays, mais ne manquant nullement dans les districts intermédiaires ; remarquable à bien des égards, mais pas plus remarquable que l'existence de trois climats sous un même degré de latitude.

Le Mexique, comme le Pérou, a été isolé – et cela sur le même principe. Pourtant, on ne peut démontrer que les Égyptiens du Nouveau Monde appartenaient exclusivement à une seule branche de sa population. Au Guatimala et au Yucatan, où les ruines ne sont pas inférieures à celles du pays Astek [14] , la langue est le Maya, et il est aussi déraisonnable de supposer que les Asteks les ont construits, que d'attribuer les ruines d'Astek aux Mayas. C'est une hypothèse illégitime de prétendre que, parce que certains bâtiments étaient contenus dans l'empire de Montezuma, ils étaient donc d'origine ou de conception astek . Plus de vingt autres nations occupaient ce vaste royaume ; et dans la plupart des zones *où la pierre est abondante* , nous trouvons des vestiges architecturaux.

L'architecture, les villes et la consolidation de l'empire qu'elles déterminent se poursuivent le long de la ligne des Andes. Ils sont également en *relation évidente* avec les conditions agricoles du sol et du climat. Les habitudes du Chaco et de la Pampa, qui contrastaient tellement avec la civilisation industrielle du Pérou et coïncidaient ainsi avec le caractère ouvert des prairies du pays, réapparaissent au Texas. Ils augmentent dans la grande vallée du Mississipi. Néanmoins les Indiens de Floride, des Carolines, du Tennessee, du Kentucky, de la Virginie et des vieilles *forêts* étaient en partie agricoles. Ils étaient également capables de consolidation politique. Powhattan, en Virginie, régnait sur les rois et les sous-rois, tout comme Montezuma. L'écriture picturale, ce qu'on appelle, dont on a beaucoup parlé comme une caractéristique mexicaine, se révèle chaque jour de plus en plus courante parmi les Indiens des États-Unis et du Canada.

Dans un sol alluvionnaire, le tumulus remplace la pyramide. Les vastes tumulus sépulcraux de la vallée du Mississipi font l'objet d'un des ouvrages les plus précieux [15] de l'époque actuelle.

Les Natchez, connus du romancier par le roman de Chateaubriand, sont connus de l'ethnologue comme les plus éminents parmi les Indiens du Mississipi en raison de leurs caractéristiques mexicaines. Ils aplatissaient la tête, adoraient le soleil, entretenaient un feu éternel, reconnaissaient un système de castes et sacrifiaient des victimes humaines. Pourtant, les identifier aux Asteks , et supposer même des relations sexuelles extraordinaires, serait dangereux. Leurs traditions suggèrent en effet l'idée d'une migration ; mais leur langue contredit leurs traditions. Ils sont simplement ce qu'étaient les autres indigènes de Floride. Je ne vois dans les récits des premiers Appalaches que des Mexicains et des Péruviens *sans* leurs métaux, leurs pierres précieuses et leurs montagnes.

Les autres généralités de l'Amérique du Nord sont celles du Brésil, du Pérou et de la Patagonie répétées. Les Algonquins ont une région semblable aux Guarani, leur littoral s'étendant seulement du Labrador au cap Hatteras. Les Iroquois de New York et des Carolines – une population fragmentée et discontinue – témoignent d'un empiètement et d'un déplacement ; Cependant, ils couvraient autrefois peut-être autant d'espace que les Caraïbes. Les Sioux représentent les tribus Chaco et Pampa. Leur pays est un terrain de chasse, avec ses relations avec le tropique septentrional et le cercle polaire arctique, précisément celles du Chaco et de la Pampa avec le sud et l'Antarctique.

Le côté ouest des montagnes Rocheuses est plus mexicain que le côté est ; tout comme le Chili est plus péruvien que le Brésil.

Je crois que si la côte Pacifique de l'Amérique avait été la première découverte et la plus complète décrite, de sorte que l'Amérique russe, la Nouvelle-Calédonie, l'archipel de la Reine Charlotte et le détroit de Nutka avaient été aussi connus que le Canada et le Nouveau-Brunswick , il y aurait il n'y a jamais eu de doutes ni de difficultés quant à l'origine des soi-disant Indiens Rouges du Nouveau Monde ; et personne n'aurait jamais imaginé que des Africains pourraient se rendre au Brésil ou des Polynésiens en Californie. Le point de vue *prima facie du* bon sens aurait été admis immédiatement, au lieu d'être partiellement affiné et partiellement abandonné. L'Asie du Nord-Est serait devenue la patrie de l'Amérique du Nord-Ouest, et au lieu que les caractéristiques chinoises et japonaises suscitent l'étonnement lors de leur découverte au Mexique et au Pérou, la seule merveille aurait été la rareté de l'événement. Mais la découverte géographique est venue d'un autre côté, et comme c'est celle des Indiens de l'Atlantique dont l'histoire a été la première à servir de matière à spéculation, la conception la plus naturelle de l'origine de la population américaine a été la dernière à être adoptée - peut-être doit-elle encore être adoptée. reconnu.

La raison de tout cela réside dans le fait suivant. Les Esquimaux, qui forment la seule famille commune à l'Ancien et au Nouveau Monde, contrastent remarquablement avec les aborigènes américains sans équivoque et reconnus du Labrador, de Terre-Neuve, du Canada, des États de la Nouvelle-Angleterre, de New York et des autres États bien connus. Indiens en général. La taille, les manières, la conformation physique et le langage contribuent tous à séparer les deux souches. Mais ce contraste ne s'étend qu'aux régions *situées à l'est* des montagnes Rocheuses. À l'ouest d'eux, il n'y a pas de telle abruptité, pas de telle précision, pas de ligne de démarcation aussi tranchée. Les dialectes athabascans de Nouvelle-Calédonie et d'Amérique russe sont notamment entrecoupés de mots esquimaux, et *vice versa* . Il en va de même pour la langue Koluch des parties concernant le Nouvel Archange. Quant à un dialecte remarquable appelé l' Ugalents (ou

Ugyalyackhmutsi) parlé par quelques familles du Mont Saint-Élie, il a un caractère véritablement transitionnel. En outre, ce qui s'applique aux langues s'applique également aux autres caractéristiques.

Les lignes de séparation entre les Esquimaux et les Américains non-esquimaux sont aussi faibles dans le Pacifique qu'elles sont fortes du côté atlantique du continent.

Qu'est-ce qui explique cela ? Le phénomène n'est en aucun cas rare. Le Lapon, contrastant fortement avec le Norvégien à l'ouest, se transforme en Finlandais à l'est. La relation des Hottentots avec les Cafres a déjà été remarquée. Il en va de même pour l'hypothèse qui l'explique. Un stock a empiété sur un autre et les formes de transition ont été déplacées. Dans le cas particulier qui nous occupe, les tribus envahissantes de la classe algonquine ont fait pression sur les Esquimaux depuis le sud ; et tout comme les Norvégiens et les Suédois actuels occupent maintenant le pays d'une famille qui était à l'origine apparentée aux Lapons de la Laponie (mais avec des caractères plus méridionaux), les Micmacs et autres Hommes Rouges ont remplacé les Esquimaux du sud et de transition. Pendant ce temps, en Amérique du Nord- *Ouest* , aucun déplacement de ce type n'a eu lieu. Les familles sont toujours *sur place* ; et les phénomènes de transition ont échappé à l'effacement.

Tout comme les Esquimaux obtiennent leur diplôme chez les Indiens d'Amérique, ils passent également dans les populations de l'Asie du Nord-Est, la langue étant l'instrument que l'auteur du présent article a plus particulièrement employé pour établir leur affiliation. De la péninsule d' Aliaska à la chaîne d'îles des Aléoutiennes, et de la chaîne des Aléoutiennes au Kamskatka , est le parcours probable de la migration de l'Asie vers l'Amérique, tracé à rebours, *c'est-à-dire* du but au point de départ, de la circonférence au centre . .

Viennent ensuite deux lignes contradictoires. Les Aléoutiennes étaient peut-être soit des Kamskadales , soit des insulaires des Curilles . Dans les deux langues, il y a suffisamment de vocables pour justifier l'une ou l'autre notion. Mais il ne s'agit ici là que d'un point d'ethnologie minutieuse comparée à la question plus large qui vient de la précéder. Les populations japonaises et coréennes sont si véritablement de la même classe que les insulaires des îles Curilles , et les Koriaks au nord de la mer d'Okhotsk sont si véritablement Kamskadale , que nous pouvons maintenant nous considérer comme s'étant approchés de si près de notre centre conventionnel qu'il libre de laisser les parties en question pour l'examen d'une autre partie de la circonférence, autre point de divergence extrême.

II. *De la Terre de Van Diemen aux régions du sud-est de l'Asie*. — Les aborigènes de la Terre de Van Diemen, commodément appelés Tasmaniens, ont de bonnes raisons, considérés par eux-mêmes, d'être considérés comme membres d'une espèce distincte. Les Australiens sont à un niveau assez bas pour satisfaire les peintres les plus exagérés de l' *état de nature* ; mais les Tasmaniens sont apparemment encore plus bas. De cette famille, il ne reste que quelques familles, occupantes de l'île Flinders, où elles ont été expulsées par le gouvernement de Van Diemen's Land. Et ici, ils diminuent ; mais il est douteux que ce soit par manque de place ou par mariage mixte. Les effets de ni l'un ni l'autre n'ont été suffisamment étudiés. Ils diffèrent des Australiens par la texture de leurs cheveux, principal caractère diagnostique. Le Tasmanien a une tête choquée, avec des mèches bouclées, *crépues* , emmêlées et graissées. Aucun de leurs dialectes n'est intelligible pour un Australien, et les relations commerciales entre les deux îles semblent avoir été minimes, voire inexistantes. De courts spécimens de quatre dialectes mutuellement inintelligibles sont tout ce que j'ai eu l'occasion de comparer. Ils appartiennent à la même classe que ceux de l'Australie, de la Nouvelle-Guinée et des îles Papouasie ; et c'est tout ce qu'on peut dire d'eux en toute sécurité.

La question reste ouverte de savoir si les Tasmaniens ont atteint la Terre de Van Diemen depuis l'Australie méridionale, depuis Timor ou depuis la Nouvelle-Calédonie, la ligne de migration ayant, dans ce dernier cas, contourné l'Australie au *lieu* de *la* traverser . Certains points de ressemblance entre les dialectes calédonien et tasmanien suggèrent cet raffinement de la doctrine *prima facie* d'origine australienne ; et la texture des cheveux, pour autant qu'elle prouve quelque chose, va de même.

L'Australie, c'est radicalement et fondamentalement l'occupation d'un stock unique ; le plus grand signe de différence entre ses nombreuses tribus étant celui de la langue. Or, ceci n'est qu'une répétition des phénomènes philologiques de l'Amérique. La population plus noire et plus grossière du Timor représente les arrière-grands ancêtres des Australiens ; et c'est à partir du Timor que l'Australie était apparemment peuplée. Je n'éprouve que peu de doutes à ce sujet. Le Timor lui-même est relié à la péninsule malaise par une lignée de populations de couleur foncée , grossières et fragmentaires, que l'on trouve actuellement à Ombay et Floris, et dont on suppose qu'elles existaient à Java et à Sumatra avant le développement de cette région particulière et civilisation envahissante des Malais mahométans.

C'est dans la péninsule malaise que se termine une autre ligne de migration. De la Nouvelle-Calédonie à la Nouvelle-Guinée, une longue ligne d'îles — Tanna , Mallicollo , îles Salomon, etc. — est occupée par une population de Papous grossiers à la peau foncée , aux cheveux tasmaniens plutôt qu'australiens, *c'est-à-dire* aux cheveux crépus, croustillants, bouclé ou à tête de vadrouille, plutôt que droit, élancé ou seulement ondulé. Cela vient de Nouvelle-Guinée ; La Nouvelle-Guinée elle-même vient des Moluques orientales ; *c'est-à-dire* de leurs populations les plus sombres. Ceux-ci sont de même origine que ceux de Timor ; bien que les lignes de migration soient remarquablement distinctes. L'une va des Moluques à la Nouvelle-Calédonie *en passant par* la Nouvelle-Guinée ; l'autre est *via* Timor vers l'Australie.

Ces deux migrations étaient précoces ; antérieure à l'occupation de la Polynésie. L'occupation précédente de l'Australie et de la Nouvelle-Guinée le prouve ; et les plus grandes différences entre les différentes sections des deux populations font de même.

III. *De l'île de Pâques jusqu'au sud-est de l'Asie.* — Les extrémités nord, sud et est de la Polynésie sont respectivement les îles Sandwich, la Nouvelle-Zélande et l'île de Pâques. Ceux-ci prirent leurs occupants dans différentes îles du grand groupe auquel ils appartiennent ; dont les îles des Navigateurs furent probablement les premières à être peuplées. Les groupes Radack, Ralik, Caroline et Pelew relient ce groupe soit aux Philippines, soit aux Moluques ; et lorsque nous les atteignons, nous arrivons au point où les lignes papoues et polynésiennes divergent. Tout comme la ligne papoue chevauchait ou s'enroulait autour de l'Australie, les Micronésiens et les Polynésiens forment un circuit autour de toute la région papoue.

Comme les langues de Polynésie et de Micronésie diffèrent beaucoup moins les unes des autres que celles de la Nouvelle-Guinée, des îles Papouasie et de l'Australie, la séparation d'avec la souche parentale est plus tardive. C'est très probablement par les Philippines que cette troisième ligne converge vers la source originelle et continentale des trois. Il s'agit de la partie sud-est du continent asiatique, ou péninsule indochinoise.

Le malais de la péninsule malaise est une langue *fléchie* par opposition au siamois du Siam, qui appartient à la même classe que le chinois et est monosyllabique. Cela nous donne un point d'arrêt pratique.

De la même manière, les langues coréenne et japonaise, avec lesquelles nous avons rompu la ligne de migration américaine, étaient polysyllabiques ; bien que le chinois, avec lequel ils entraient en contact géographique, soit monosyllabique.

Le fait le plus remarquable lié à la souche océanique est la présence d'un certain nombre de mots malais et polynésiens dans la langue d'une île aussi lointaine que Madagascar ; une île non seulement *éloignée de* la péninsule malaise, mais *proche de* la côte africaine du Mozambique – une zone ethnologique très différente de celle du Malaisie.

Quelle que soit la conclusion tirée de ce fait – et c'est un point sur lequel se fondent de nombreuses opinions très contradictoires – sa réalité est incontestable. Cela est admis par M. Crawfurd , l'écrivain le plus indisposé à admettre l'origine océanique des Malgaches , et cela s'explique comme suit :

« Une navigation de 3000 milles de haute mer s'étend entre eux [16] , et un fort alizé règne dans la plus grande partie de celui-ci. Un voyage des îles indiennes à Madagascar est possible, même dans l'état rude de la navigation malaise ; mais le retour serait totalement impossible. Le commerce, les conquêtes ou la colonisation sont donc totalement hors de question comme moyen de transmettre une quelconque partie de la langue malaise à Madagascar. Il ne reste donc qu'une seule façon dont cela aurait pu se produire : l'arrivée fortuite sur les côtes de Madagascar de *praus malais poussés par la tempête* . La mousson du sud-est, qui n'est qu'une continuation de l'alizé du sud-est, prévaut du dixième degré de latitude sud jusqu'à l'équateur, sa plus grande force se faisant sentir dans la mer de Java et son influence embrassant la moitié ouest de la mer de Java. l'île de Sumatra. Ce vent souffle d'avril à octobre, et un coup de vent d'est pendant cette période pourrait chasser un navire des côtes de Sumatra ou de Java, au point de rendre impossible leur retour. Dans une telle situation, elle n'aurait d'autre ressource que de se mettre face au vent et de se diriger vers la première terre vers laquelle le hasard pourrait la diriger ; et cette première terre serait Madagascar. Avec un bon vent et une brise forte, dont elle serait sûre, elle pourrait atteindre cette île sans difficulté en un mois. * * * L'arrivée occasionnelle à Madagascar d'un *prau naufragé* pourrait, en effet, ne pas suffire à expliquer même la petite portion de malais trouvée chez les Malgaches ; mais ce n'est pas faire violence aux mœurs ou à l'histoire du peuple malais que d'imaginer la probabilité qu'une flotte de pirates, ou une flotte transportant l'une de ces migrations dont il existe des exemples enregistrés, soit poussée par une tempête, comme un seul *prau* . . Une telle flotte, bien équipée, bien approvisionnée et bien équipée, serait non seulement équipée pour un voyage long et périlleux, mais atteindrait Madagascar dans de meilleures conditions qu'un bateau de pêche ou de commerce. Il peut donc sembler peu probable que ce soit par une ou plusieurs aventures fortuites de cette description que la langue de Madagascar ait reçu son influx de malais.

En complément aux remarques de M. Crawfurd , j'ajoute le récit suivant de M. M. Martin : calebasse d'eau et quelques racines de manioc ou de Cassada , poussant vers la mer et s'efforçant d'atteindre Madagascar ou l'Afrique, à travers l'océan sans chemin et orageux. Bien sûr, ils périssent généralement, mais certains réussissent. Nous avons récupéré une frêle pirogue à environ cent milles de la côte africaine ; il contenait cinq esclaves en fuite, l'un mourant au fond du canot et les autres presque épuisés. Ils avaient fui aux Seychelles un dur maître français, s'étaient engagés dans les profondeurs sans boussole ni guide, avec une petite quantité d'eau et de riz, et s'appuyant sur leurs lignes de pêche pour se soutenir. Guidés par les étoiles, ils avaient presque atteint la côte d'où ils avaient été enlevés, lorsque la nature s'enfonça, épuisée, et nous arrivâmes juste à temps pour sauver quatre d'entre eux. Tant que les voyageurs à la recherche d'un foyer pouvaient le faire, les jours étaient comptés par des encoches sur le côté du canot, et vingt et un étaient ainsi marqués lorsqu'ils étaient rencontrés par notre navire.

Ces extraits ont été donnés dans le but de jeter la lumière sur la migration océanique la plus remarquable connue — car il doit y avoir eu une migration, même si elle était aussi partielle que le dit M. Crawfurd ; migration qui peut rendre les malgaches actuels océaniques ou non, selon l'état dans lequel ils ont trouvé l'île à leur arrivée. S'il était déjà peuplé, la traversée du grand océan Indien serait tout aussi remarquable que s'il était jusqu'alors inexploré par un pied humain. La seule merveille supplémentaire dans ce dernier cas serait le contraste entre les Africains qui ont manqué une île si proche, et les Malais qui en ont découvert une si lointaine.

Individuellement, je diffère de M. Crawfurd en ce qui concerne les différences réelles entre le Malais et le Malgache , avec l'hésitation et le respect dus à ses connaissances connues dans la première de ces langues ; mais je m'écarte de plus en plus sans hésitation de lui dans leur appréciation comme signes de séparation ethnologique ; croyant, non seulement que les deux langues sont essentiellement de la même famille, mais que l'ascendance, le sang ou le pedigree des Malgaches est aussi océanique que leur langue.

IV. *Du Cap de Bonne-Espérance au sud-ouest de l'Asie.* — Les Hottentots du Cap ont plus que tout autre membre du genre humain le droit d'être considérés comme une espèce distincte. Des caractéristiques apparemment différentes apparaissent de tous côtés. Moralement, les Hottentots sont grossiers ; physiquement, ils sont petits et faibles. Dans tous les points où l'Esquimau diffère de l' Algonkin , ou le Lap du Fin, le Hottentot s'éloigne du Kaffre . Pourtant le Kaffre est son plus proche voisin . Aux distinctions ordinaires, on a ajouté des stéatomes sur les nates et des particularités sur les organes reproducteurs.

Néanmoins, une très maigre collation donne les similitudes philologiques suivantes ; les dialectes hottentots [17] étant pris d'un côté et les autres langues africaines [18] de l'autre. Je laisse au lecteur le soin de se prononcer sur la portée du tableau ; en ajoutant seulement l'expression décisive de ma propre conviction que les coïncidences en question sont trop nombreuses pour être accidentelles, trop peu onomatopéiques pour être organiques, et trop largement et trop irrégulièrement distribuées pour être expliquées par l'hypothèse d'un rapport sexuel ou d'un mélange.

Anglais   soleil.

Saab   *t'koara* .

hottentot *désolé*.

Corana   *Sorob* .

Agow   *quorah* .

Somalie   *ghurrah* .

Kru   *guiro.*

Kanga   *jiro* .

Waouh   *Jirri* .

Anglais   langue.

Corana   *maman* .

Bushman   *t'auberge* .

Fertit   *Timi* .

Anglais   cou.

Bushman   *t'kau* .

Darfour   *kiu* .

Anglais   main.

Corana   *t'koam* .

Shilluck   *Kiam* .

Anglais   arbre.

Corana   *peikoa* .

Bushman   *t'hauki* .

Shilluck   *beurk* .

Anglais   montagne.

Corana   *teub* .

Falasha   *dubaï* .

Anglais   oreille.

Corana   *t'naum* .

Bullom   *Naimu* .

Anglais   étoile.

Corana   *Kambrokoa* .

Koss   *rumbereki* .

Anglais   oiseau.

Bushman   *t'kanni* .

Mandingue   *kunô* .

Anglais   dormir.

Corana   *t'kchom* .

Bushman   *je vais bien* .

Susu   *Kima* .

Howssa   *Kuana* .

Anglais   feu.

Corana   *taib* .

Congo   *tubie* .

Somalie   *doublage.*

Bushman   *t'jih* .

Pour   *diu* .

Ashantee   *ojia* .

Anglais   cou.

Bushman   *t'kau* .

Makoua   *tchico* .

Anglais   mourir.

Corana   *t'koo* .

Bushman   *tkuki* .

Makoua   *ocoa = mort.*

Anglais   bien.

Corana   *tu sais* .

Bushman   *teteini* .

Makoua   *oni-touny* .

Anglais   pied.

Corana	*t'nah* .
hottentot	*t'noah.*
Makoua	*Nyahai* .
Anglais	boire.
Corana	*t'kchaa* .
Howssa	*sha.*

Anglais	étoile.
Bushman	*tkoaati* .
Bagnon	*hoquoud* .
Peul	*coder* .
Anglais	enfant.
Corana	*t'kob* .
Bushman	*t'katkoang* .
Bagnon	*refroidir* .
Timmani	*Kalent* .
Bullom	*tshant* .
Anglais	arbre.
Bushman	*hein* .
Séracolé , etc.	*ça* .
Anglais	pied.
Corana	*t'keib* .
Bushman	*t'koah* .
Sérères	*akiaf* .
Waag Agau	*tsab* .

A moins de supposer que l'Afrique australe ait été le berceau de l'espèce humaine, la population du Cap doit avoir été une extension de celle du tropique austral, et la famille tropicale elle-même a été originellement équatoriale. Qu'est-ce que cela implique ? Même ceci : les flux de population sur lesquels le sol, le climat et d'autres influences physiques de l'Afrique du Sud ont agi ont eux-mêmes subi l'influence des influences intertropicales et équatoriales des pays noirs. Par conséquent, la souche humaine sur laquelle les conditions physiques devaient agir était aussi particulière que ces conditions elles-mêmes. La situation n'était pas la même que celle des Sud-Américains intertropicaux. Entre ceux-ci et le centre hypothétique de l'Asie se trouvaient le cercle polaire arctique et les latitudes polaires – influences qui, dans une certaine partie de la ligne de migration, ont dû agir sur les ancêtres de leurs ancêtres.

La situation était plus proche de celle des Australiens. Pourtant la partie équatoriale de la ligne de migration de ces derniers avait été très différente de celle des Cafres et des Hottentots. Son étendue était étroite et s'étendait sur des îles fertiles, rafraîchies par les brises et l'évaporation de l'océan, plutôt que sur les plateaux arides de l'Afrique centrale, les parties situées entre le golfe de Guinée et l'embouchure du fleuve Juba.

Entre les Hottentots et leurs prochains voisins du nord, il existe de nombreux points de différence. En les admettant dans une certaine mesure, je les explique par l'hypothèse d'un empiètement, d'un déplacement et de l'abolition de ces tribus intermédiaires et de transition qui reliaient les Hottentots du nord aux Kaffres du sud .

Et ici, je dois remarquer que le déplacement lui-même n'est aucunement une hypothèse, mais un fait historique ; car au cours des derniers siècles, l' Amakosa Les Kaffres seuls se sont étendus aux dépens des différentes tribus hottentotes, depuis les environs de Port Natal jusqu'aux sources du fleuve Orange.

Seul le caractère transitoire des populations anéanties est une hypothèse. Je crois – bien sûr – que c'est une question légitime ; sinon, cela n'aurait pas été fait.

D'un autre côté , je considère qu'il est illégitime de supposer, sans enquête, une distinction si large et fondamentale entre les deux souches au point d'attribuer tous les points de similitude aux seuls rapports sexuels, et aucun à l'affinité originelle. Pourtant, cela se fait en grande partie. La langue hottentote contient un son que je crois être un *h aspiré* , *i . e.* un son de *h* formé en *inspirant* la respiration plutôt qu'en *la forçant à expirer* - comme cela se fait dans le reste du monde. C'est ce qu'on appelle le *clic* . C'est un son vraiment inarticulé ; et comme le *h* commun se retrouve aussi dans la langue, le discours hottentot présente le phénomène remarquable de *deux* sons inarticulés, ou deux sons communs à l'homme et aux animaux inférieurs. D'un point de vue anthropologique, cela peut être utile : en ethnologie, cela a probablement été mal interprété.

On le trouve dans *un* Dialecte Kaffré . Quelles sont les déductions ? Qu'il a été adopté des Hottentots par les Kaffre ; tout comme un pistolet Kaffre a été adopté par les Européens. C'est l'un d'eux.

L'autre est que le son en question est moins unique, moins caractéristique et moins exclusivement hottentot qu'on ne le croyait auparavant.

Or, ce n'est certainement pas du tout moins légitime que le premier ; pourtant, la première notion est la plus courante. Peut-être est-ce parce qu'il nous flatte d'un fait nouveau, au lieu de nous châtier par la correction d'une généralisation trop hâtive.

Encore une fois, la racine *tk* (comme dans *tixo* , *tixme* , *utiko*) est à la fois Hottentot et Kaffre . Cela signifie soit une divinité, soit une épithète appropriée à une divinité. La doctrine selon laquelle les Cafres ont simplement emprunté une partie de leur vocabulaire théologique aux Hottentots n'est certainement ni la seule ni la déduction la plus logique ici.

La zone de Kaffre est si vaste qu'elle s'étend des deux côtés de l'Afrique jusqu'à l'équateur ; et le contraste qu'il offre par rapport au petit pays des Hottentots est une répétition des contrastes déjà remarqués en Amérique.

Les particularités de la souche Kaffre suffisent amplement à justifier le soin et la considération avant de les placer dans la même classe soit avec les vrais Nègres, soit avec les Gallas , Nubiens, Agows et autres Africains du système hydrographique du Nil. Pourtant, ils ne sont en aucun cas aussi larges et tranchants que beaucoup les ont imaginés. Le caractère kaffré incontestable des langues de l'Angola, du Loango , des côtes du Gabon , du Mozambique et de Zanzibar est un fait qui doit transparaître dans toutes nos critiques. S'il en est ainsi, elle condamne toutes les déductions extrêmes qui sont tirées des particularités également incontestables des Cafres du Cap. Et pourquoi? Parce que ces dernières sont des formes extrêmes ; extrême, plutôt que typique ou, ce qui est plus important, transitoire.

Mais regardons-les. Que trouvons-nous alors ? Jusqu'aux preuves philologiques en faveur de la communauté d'origine des Africains intertropicaux du Congo à l'ouest, et des Inhambame , Sofala , du Mozambique, etc. À l'Est, on le savait, personne ne parlait des indigènes dans aucun de ces pays comme étant autre chose que des Noirs, ni ne songeait à s'étendre sur les différences que l'on trouve maintenant entre eux et le Noir typique.

Même en ce qui concerne les langues, il existe une abondance de dialectes de transition. Dans les tableaux de Mme Kilham de 31 langues africaines, la dernière est un vocabulaire *kongo* , *tout le reste étant nègre*. Or, ce vocabulaire Kongo, qui est véritablement Kaffre , ne diffère si peu plus des autres que les autres les uns des autres, que lorsque j'ai vu pour la première fois la liste, étant alors fortement préoccupé par l'opinion que le stock de langues Kaffre était, à un dans une large mesure, un stock *en soi*, j'avais du mal à croire que la vraie langue Kongo et Kaffre était représentée ; je me suis donc assuré qu'il en était ainsi, par une comparaison avec d'autres vocabulaires incontestables, avant d'admettre la déduction. Et ce n'est qu'un fait parmi tant d'autres [19] .

Encore une fois, les Noirs eux-mêmes se réfèrent à un type extrême plutôt qu'à un type normal ; et ils sont si loin d'être coextensifs avec les *Africains* , que c'est presque exclusivement le long des vallées fluviales qu'on les trouve. Il n'y en a pas dans les régions extratropicales de l'Afrique du Nord, ni dans les régions correspondantes de l'Afrique australe ; et peu nombreux sur les plateaux, même des deux côtés de l'équateur. Leurs superficies, en effet, sont rares et petites ; l'un se trouve sur le Haut Nil, un sur la Basse Gambie et le Sénégal, un sur le Bas Niger et le dernier le long de la côte ouest, où les petits fleuves qui prennent leur source dans les montagnes de Kong forment des étendues alluviales chaudes et humides.

Quels que soient les autres Africains, les Nègres doivent être séparés, ils ne doivent pas être déconnectés des Kaffres , les principaux points de contact et de transition étant les régions autour du Gabon .

Il ne faut pas non plus que les Cafres soient trop coupés des familles remarquables du Sahara, de la chaîne de l'Atlas et des côtes de la Méditerranée, familles qu'il convient de prendre ensuite dans l'ordre ; non pas parce que c'est la séquence qui convient le mieux à leur géographie ou à leur ethnologie, mais parce que la critique qui leur a été récemment adressée nous aide le mieux dans la critique des affiliations actuelles.

Aux confins de l'Egypte, dans l'oasis de Siwah , on retrouve les membres les plus orientaux de la grande famille berbère, Amazirgh , ou Kabyle ; et nous les trouvons aussi loin à l'ouest que les îles Canaries, dont ils furent les occupants aussi longtemps qu'une population indigène les occupa. Les membres de la même souche étaient les anciens sujets de Jugurtha, Syphax et Masinissa . M. Francis Newman, qui a prêté plus d'attention au discours des tribus berbères qu'aucun Anglais (peut-être qu'aucun Européen), a montré qu'il méritait le nom nouveau et commode de *sub* -sémitique, terme sur lequel il convient de s'étendre.

Prenons une langue dans son premier état d'inflexion, lorsqu'elle passe de la forme monosyllabique du chinois et de ses langues alliées, elle commence tout juste à incorporer à ses noms et verbes jusqu'ici non modifiés, certaines prépositions désignant la relation, certains adverbes désignant *le* temps , et certains pronoms de personne ou de possession ; grâce à tout cela, il obtient des équivalents aux cas, temps et personnes des formes de discours les plus avancées.

C'est le germe de la conjugaison et de la déclinaison ; des Accidents de Grammaire. Allons cependant plus loin. Au-delà de la simple juxtaposition et de l'incorporation naissante de ces particules auparavant séparables et indépendantes, qu'il y en ait certaines internes ; ceux, par exemple, qui convertissent les temps présents anglais *tombent* et *parlent* dans les prétérits. *est tombé* et *a parlé* – ou quelque chose du même genre.

Plus loin encore. Supposons que les changements d' *accent* qui se produisent lorsque nous formons un adjectif comme *tyrannical* à partir d'un substantif comme *týrant* soient ajoutés.

L'union de tels processus imprimera sans aucun doute un caractère remarquable au langage dans lequel ils apparaissent.

Mais et s'ils allaient plus loin ? ou si, sans aller plus loin, les langues qu'elles caractérisent trouvent des interprètes qui se plaisent à leur donner de l'importance et en exagèrent également la portée ? Il ne s'agit pas d'un cas hypothétique.

Une grande proportion de racines contiennent presque nécessairement trois consonnes : e. g. *pain* , *pierre* , &c., prononcé *bred* , *stôn* , &c. C'est un fait.

Dans de nombreuses langues, il est impossible de prononcer deux consonnes appartenant à la même syllabe, en succession immédiate ; une incapacité qui est satisfaite par l'insertion d'une voyelle intermédiaire. Le Finlandais , au lieu de *Krist* , doit dire soit *Ekristo* , soit *Keristo* . Ce principe, en anglais, convertirait *bred* en *bered* ou *ebred* , et *stôn* en *estôn* ou *setôn* . C'est un autre fait.

Il convient maintenant de combiner ces deux éléments et les précédents. Une grande proportion de racines contenant trois consonnes peut inciter un grammairien à inventer un terme tel que *trilittéralisme* et à dire que ce *trilittéralisme* caractérise une certaine langue.

Alors, comme non seulement ces consonnes sont séparées les unes des autres par des voyelles intermédiaires, mais comme les voyelles elles-mêmes sont sujettes à changement (ces changements agissant sur l'accentuation), le trilittéralisme devient encore plus important. Les consonnes ressemblent à la charpente ou au squelette des mots, les voyelles étant les influences modificatrices. Les unes sont les *constantes* , les autres les *variantes* ; et *les racines trilittérales avec des modifications internes* deviennent un synonyme philologique censé représenter un phénomène unique dans la manière de parler, plutôt que le simple résultat de deux ou trois processus communs réunis dans une seule et même langue.

Mais la force du système ne s'arrête pas là. Supposons que nous souhaitions établir le paradoxe selon lequel l'anglais est une langue du genre en question. Un peu d'ingéniosité nous amènerait à un tour de passe-passe astucieux. Le *h* aspiré commode — comme la chauve-souris dans la fable des oiseaux et des bêtes en guerre — pouvait être une consonne lorsqu'on voulait constituer le complément de trois, et une voyelle lorsqu'il s'agissait de *trop* . Des mots comme *pitié* pourraient être rendus trilitères (*triconsonantiques*) en doublant le *tt* ; des mots comme *piqué* , en l'éjectant. Enfin, si l'on niait que deux consonnes doivent nécessairement être séparées par une voyelle, il serait facile de dire qu'entre des sons tels que le *n* et le *r* dans *Henry* , le *b* et *r* dans *bread* , le *r* et *b* dans *curb* , il y avait en réalité une voyelle très courte ; et que *Henĕry* , *bĕred* , *curŭb* , étaient les vrais sons ; ou que, s'ils ne l'étaient pas au XIXe siècle, ils l'étaient il y a deux mille ans.

Maintenant, que tout cela soit enseigné et cru, et qui n'isolerait pas la langue dans laquelle se produisent des phénomènes aussi remarquables ?

Tout cela *est* enseigné et cru, et par conséquent il y *a* une langue, ou plutôt un groupe de langues, ainsi isolé.

Mais l'isolement ne s'arrête pas au philologue. L'anatomiste et l'historien le soutiennent également. Les nations qui parlent la langue en question sont voisines des Noirs, mais sans être elles-mêmes noires ; et ils sont en contact avec des païens grossiers ; étant eux-mêmes éminemment monothéistes. Leur histoire a également été influente, tant moralement que matériellement ; tandis que les crânes sont aussi symétriques que le crâne de la célèbre femme géorgienne de notre premier chapitre, leur teint clair ou rougeâtre et leur nez si peu africain qu'il imite le bec de l'aigle avec une convexité proéminente. Tout cela exagère les éléments d'isolement.

La classe ou famille ainsi isolée, qui, comme nous l'avons dit plus haut, a une existence réelle, a été commodément appelée *sémitique* ; terme comprenant les douze tribus d'Israël et les Juifs modernes dans la mesure où ils en descendent, les Syriens de l'ancienne Syrie et, en partie, de la Syrie moderne, les Mésopotamiens, les Phéniciens, les Assyriens, les Babyloniens, les Arabes et certaines populations d' Éthiopie ou d'Abyssinie.

D'autres faits, réels ou supposés, ont contribué à isoler cette famille remarquable et importante. Les Africains qui étaient les plus proches d'eux, tant par leur localité que par leur civilisation – les Égyptiens de l' empire pharaonique , bâtisseurs de pyramides et écrivains en hiéroglyphes – ont cessé d'exister en tant que nation substantielle distincte. Leurs frontaliers asiatiques , en revanche, étaient soit des Perses, soit des Arméniens.

tout favorisait l'isolement. Le Juif et l'Égyptien étaient dès le début très contrastés, et toutes nos premières impressions sont en faveur d'une surévaluation de leurs différences. Quant au Persan, il fut si tôt placé dans une classe différente — classe qui, parce qu'elle est censée contenir aussi bien les Germains, les Grecs, les Latins, les Slaves et les Hindous, a été appelée Indo-européenne — que il avait une position propre et particulière qui lui était propre ; et quelque chose de presque aussi strict dans la manière de démarcation s'appliquait à l'Arménien. Où donc se trouvent les approches de la famille sémitique ?

Des tentatives ont été faites pour les relier aux Indo-Européens ; Je pense sans succès. Bien sûr, il y avait un certain nombre de relations; mais il ne s'ensuit nullement que cela établisse les véritables affiliations. Il y avait *un* connexion ; mais pas *le* connexion . Les raisons de ce point de vue résidaient en partie dans certaines affinités incontestables avec les Perses, et en partie dans le fait que les crânes juifs, syriens et arabes, et que les civilisations juive, syrienne et arabe relevaient de la catégorie des *Caucasiens* .

Consciemment ou inconsciemment, la plupart des écrivains ont retenu cette hypothèse – naturellement, mais inconsidérément. C'est pourquoi l'opinion courante est que si les tribus sémitiques entretenaient un certain degré de parenté avec les autres familles de la terre, cette relation devait être recherchée parmi les Indo-Européens.

L'étape suivante consistait à élever la classe sémitique au rang d'étalon ou de mesure des affinités des familles déplacées ; et les écrivains qui étudiaient des langues particulières se demandaient plus facilement si ces langues étaient sémitiques que ce qu'étaient les langues sémitiques elles-mêmes. À moins que je ne me méprenne sur l'esprit dans lequel de nombreuses enquêtes admirables ont été menées, cela a conduit au terme *subsémite* . Les hommes se sont interrogés sur la quantité de *sémitisme* dans certaines familles comme s'il s'agissait d'une propriété substantielle et inhérente, plutôt que sur ce en quoi consistait *le sémitisme lui-même.*

Et maintenant les langues *sub* -sémitiques se multiplièrent ; puisque le subsémitisme était une chose respectable à attribuer à l'objet de son attention.

L'ancien Égyptien était considéré comme *sub* -sémitique – Benfey et d'autres ayant fait du bon travail pour qu'il en soit ainsi.

M. Newman a fait de même avec le Berbère. Pendant ce temps, les anatomistes agissaient à peu près comme les philologues et mettaient les crânes des anciens Égyptiens dans la même classe que ceux des Juifs et des Arabes, de manière à les rendre caucasiens.

Mais les Caucasiens avaient été placés dans une sorte d'antithèse par rapport aux Nègres ; et c'est de là que sont venus les méfaits. Quelles que soient les opinions des auteurs compétents qui ont étudié les Africains subsémites, lorsqu'on leur a demandé des définitions, il n'est pas exagéré de dire qu'en pratique, ils ont tous agi comme si, dès qu'une classe devenait sémitique, elle cessait d'exister. être africain. Ils ont tous regardé d'un côté ; c'est ainsi que les bons juifs et mahométans regardent vers la Mecque et Jérusalem. Ils ont oublié les phénomènes de corrélation. Si César est comme Pompée, Pompée doit être comme César . Si les langues africaines se rapprochent de l'hébreu, l'hébreu doit s'en rapprocher. L'attraction est mutuelle ; et il ne s'agit nullement de Mahomet et de la montagne.

Je crois que les éléments sémitiques du berbère, du copte et du galla sont clairs et sans équivoque ; en d'autres termes, que ces langues sont véritablement subsémitiques.

Dans les langues d'Abyssinie, le Gheez et le Tigré , reconnus, aussi longtemps qu'ils ont été connus, comme étant *sémitiques* , passent par l'Amharique, le Falasha, le Harargi , le Gafat et d'autres langues qui peuvent être bien étudiées en les précieux tableaux comparatifs du Dr Beke [20] , en langue Agow , sans équivoque indigène d'Abyssinie ; et à travers cela dans les vraies classes nègres.

Mais aussi sans équivoque que puissent être les éléments sémitiques du berbère, du copte et du galla , leurs affinités avec les langues de l'Afrique occidentale et australe le sont davantage. Je pèse mes mots quand je dis, pas *également* , mais *plus* . En changeant l'expression de chaque pied d'avance qui peut être fait vers les langues sémitiques dans un sens, le philologue africain peut faire un mètre vers les langues nègres dans l'autre [21] .

Bien sûr, les preuves détaillées de tout cela rempliraient un gros volume ; en effet, l'épuisement du sujet et l'anéantissement de toutes les objections possibles et contingentes en combleraient beaucoup. Cependant, la situation de l'auteur actuel n'est pas tant celle de l'ingénieur qui doit pousser son eau vers une hauteur plus élevée au moyen de pompes, mais celle du creuseur et du fouisseur qui se contente de dégager les remblais artificiels qui ont été détruits. jusqu'ici l'empêchait de trouver son propre niveau selon les lois communes de la nature. Il n'a guère peur des résultats d'une enquête séparée et indépendante, lorsqu'un certain nombre d'idées préconçues ont été ébranlées.

Pour continuer sur le sujet, la convergence des lignes de migration en Afrique est brisée ou ininterrompue, claire ou indistincte, continue ou irrégulière, à peu près dans la même mesure et de la même manière que celles de l'Amérique. Les contrastes moraux présentés par les Mexicains et les Péruviens réapparaissent dans le cas des Égyptiens et des Sémites . Quant aux Hottentots, ils sont *peut-être* plus largement séparés de leurs plus proches parents que n'importe quel Américain, les Esquimaux n'étant pas exceptés ;

à tel point que si les phénomènes de leur langage sont niés ou expliqués, ils peuvent passer pour une nouvelle espèce.

Or, si le lecteur a prêté attention aux différences entre les principes *ethnologiques* et *anthropologiques* de classification, il a dû en déduire la nécessité de certaines différences de nomenclature, car il est peu probable que les termes qui conviennent à une étude conviendront exactement à l'autre. Et c'est bien le cas. Si le mot *Nègre* désigne la combinaison de cheveux laineux, d'une peau de jais, d'un nez déprimé, de lèvres épaisses, d'un front étroit, d'un angle facial aigu et d'une mâchoire proéminente, il s'applique à des Africains aussi différents les uns des autres que le Lapon l'est du Samoéide . et Eskimo, ou l'Anglais du Finlandais . Elle s'applique aux habitants de certaines parties de différents systèmes fluviaux, *indépendamment de leurs relations* — et *vice versa* . Les Noirs du Kordofan ont une descendance plus proche des Coptes et des Arabes que les Peuls de couleur plus claire et plus civilisés . Ils sont aussi plus proches des mêmes que des Noirs de Sénégambie. Si tel est le cas, le terme n'a pas sa place en ethnologie, sauf dans la mesure où son usage étendu rend difficile son abandon. Sa véritable application est l'anthropologie, où il désigne l'effet de certaines influences sur certains Africains intertropicaux, quelle que soit leur ascendance, mais pas quelle que soit leur condition physique. De même que la petite taille et la peau claire coïncident avec l'occupation des chaînes de montagnes, la physionomie des nègres coïncide avec celle des alluvions des rivières. Peu d'auteurs sont moins disposés que le Dr Daniell à expliquer les différences ethnologiques en se référant à un changement de conditions physiques plutôt qu'à une distinction originale des espèces ; néanmoins il déclare expressément que lorsqu'on quitte les bas marais du delta du Niger pour les pays gréseux de l'intérieur, la peau devient plus claire, et le noir devient brun, et le brun jaune.

Parmi les populations africaines les plus immédiatement en contact avec les Nègres typiques de la côte occidentale, les plus belles sont les Nufi (contigus aux Ibos du bas Niger) et les Peuls qui se répartissent sur les hauts plateaux de la Sénégambie, jusqu'à l'intérieur jusqu'à Sakatú , et aussi loin au sud que la frontière Nufi .

En revanche, les plus sombres des familles les plus claires sont les Touaricks de Wadreag , qui appartiennent à la famille berbère, et les Arabes Sheyga de Nubie.

Les Nubiens eux-mêmes, ou les indigènes du Nil moyen entre l'Égypte et Sennaar , présentent de véritables caractéristiques de transition entre les Égyptiens. et les Noirs du Kordofan. Il en est ainsi dans le langage et apparemment dans le développement civilisationnel.

La meilleure mesure de la capacité, à cet égard, de la part des Africains qui ont été moins favorisés par les circonstances extérieures et la position géographique que les anciens Égyptiens , se trouve chez les Mandingues et les Peuls , dont chacune des nations a adopté la religion mahométan. la religion et une partie de la littérature arabe avec elle. Il y a en Afrique *noire plus de grandes villes* qu'il n'y en a jamais eu en Mongolie et en Tartarie. Pourtant les Tartares ne sont ni plus ni moins que des Turcs comme ceux de Constantinople, et les Mongols sont étroitement liés aux industriels chinois.

Que l'uniformité des langues dans toute l'Afrique soit plus grande qu'elle ne l'est en Asie ou en Europe, c'est une affirmation à laquelle je n'hésite pas le moins du monde à m'engager.

centre hypothétique que les frontières de la Perse et de l'Arménie, je la laisse pour le présent.

Les Anglais d'Angleterre ne sont pas les premiers occupants de l'île. Avant eux se trouvaient les anciens Britanniques. Étaient-ce les premiers occupants ? Qui étaient les hommes par lesquels la Grande-Bretagne, jusque-là la demeure des seuls animaux inférieurs, fut foulée pour la première fois ? C'est incertain. Pourquoi les Celtes n'auraient-ils pas eu envers certains Britanniques grossiers encore plus primitifs les mêmes relations que les Anglo-Saxons avaient envers les Celtes ? Peut-être qu'ils l'ont vraiment fait. Peut-être même les tribus grossières et primitives ainsi supposées avaient-elles des aborigènes qui les considéraient comme des intrus, eux-mêmes ayant été à leur tour des intrus. La principale objection contre une telle multiplication des aborigènes est la règle *de non apparentibus* , etc.

Mais la Grande-Bretagne est une *île* . Tout ce qui concerne l'histoire naturelle des arts utiles est si complètement inexploré, que personne n'a proposé même d'approcher la date de la première mise à l'eau du premier bateau ; autrement dit, de la première occupation d'un terrain entouré d'eau. L'ensemble de ce continent particulier dans lequel les premiers protoplastes ont vu le jour, était peut-être resté plein à craquer avant qu'un seul et frêle radeau ait effectué la première migration humaine.

La Grande-Bretagne est peut-être restée une solitude pendant des siècles et des millénaires après que la Gaule ait été peuplée. Je ne suppose pas que cela ait été le cas ; mais, à moins d'imaginer que le premier canot ait été construit en même temps que la demande de transport par eau, il est aussi facile d'admettre qu'une longue période s'est écoulée entre cette époque et le premier effort de matelotage, qu'une courte période. Ainsi, la date des populations originelles des *îles* n'est pas de la même catégorie que celle de la dispersion des hommes et des femmes à travers *les continents* .

Sur les continents, nous devons supposer que l'extension d'un point à un autre a été continue – et pas seulement cela, mais nous pouvons également supposer quelque chose qui ressemble à un taux de diffusion équitable. J'ai entendu dire que la population américaine se déplace d'est en ouest à raison d'environ onze milles par an.

Comme j'utilise cette déclaration uniquement dans le but d'illustrer mon sujet, son exactitude n'est pas très importante. Pour simplifier le calcul, disons *dix*. A ce rythme, un cercle de migration dont le centre serait (disons) dans la chaîne de l'Altaï, augmenterait son diamètre au rythme de vingt milles par an, *soit* dix milles à une extrémité du rayon et dix à l'autre.

Ainsi, un point situé à mille milles du lieu de naissance des patriarches de notre espèce recevrait ses premiers occupants exactement cent ans après que la localité primitive aurait été jugée trop étroite. A ce rythme, très peu de siècles peupleraient le cap de Bonne-Espérance, et encore moins la Laponie, les régions autour du cap Comorin, la péninsule Malaise et le Kamskatka , toutes parties plus ou moins dans l'état de points extrêmes [22] .

Or, tant que les extrémités *continentales* de la surface de la Terre restent inoccupées – le courant (ou plutôt le cercle de migration en expansion) ne les ayant pas encore atteintes – la migration *primaire* se poursuit ; et quand tous ont reçu leur effectif, la migration *primaire* est terminée. Durant cette migration primaire, les relations de l'homme, ainsi mis en mouvement et dans l'exercice complet, précoce et innocent de sa fonction élevée de soumission de la terre, sont en conflit avec les obstacles physiques et avec la résistance des animaux inférieurs seulement. À moins que, comme la femme de Lot, il ne retourne vers les régions peuplées situées derrière lui, il n'a aucune relation avec ses semblables, du moins aucune qui découle de la revendication d'une occupation antérieure. En d'autres termes, lors de la migration primaire, le monde qui s'offrait à nos ancêtres était soit brutal, soit inanimé.

Mais avant que plusieurs générations ne soient passées, tout devient plein à craquer ; de sorte que les hommes doivent élargir leurs frontières aux dépens de leurs semblables. Les migrations qui ont lieu aujourd'hui sont *secondaires* . Ils diffèrent du primaire à bien des égards. Elles sont plus lentes, car la résistance est celle de l'Humanité à l'Humanité ; et ils sont violents, parce que la dépossession est l'objet. Elles sont partielles, avortées, suivies de fusions de populations différentes ; ou suivi de leur extermination, selon le cas. Cependant, tout ce que nous avons maintenant à dire à leur sujet, c'est le fait de leur différence avec le *premier* .

Concernant le *secondaire* migrations, nous disposons d'une quantité considérable de connaissances. L'histoire nous en raconte quelques-unes ; l'induction ethnologique en suggère d'autres. Le *principal* , cependant, reste un grand mystère. Pourtant, c'est un sujet dont on parle continuellement.

Je le mentionne maintenant (après l'avoir développé précédemment) dans le but de suggérer une question d'une certaine importance en ethnologie pratique. C'est celle que suggèrent les remarques sur les aborigènes de Grande-Bretagne. Quand sommes-nous sûrs que la population d'une partie quelconque d'un continent est *primaire* , *c'est* - à-dire descendante ou représentative des premiers occupants ? Jamais. Il existe de nombreux cas où, d'après l'histoire, les phénomènes de contraste et d'autres arguments ethnologiques, nous sommes tout à fait convaincus qu'il n'en est *pas* ainsi ; mais aucun là où les preuves sont concluantes dans l'autre sens. Dans le même temps, la doctrine *de non apparentibus* nous met en garde contre l'hypothèse de déplacements inutiles.

Cependant, là où nous avons, en plus de l'absence de signes d'occupation antérieure, une localité extrême (*c'est-à-dire* une localité la plus éloignée, dans une direction donnée, du centre hypothétique), nous avons *prima facie* des preuves en faveur de la population représentant une migration *primaire* . Ainsi:-

- 1, 2. Les Hottentots et les Lapons parmi les familles du continent sont probablement les premiers.

- 3. Les Gaels irlandais sont les mêmes parmi les insulaires.

- 4, 5. L'Amérique et la zone océanique semblent être *les principales* populations du continent asiatique ; bien qu'à l'intérieur de leurs propres zones, les déplacements aient été considérables.

NOTES DE BAS DE PAGE

[11] Pickering, Races d'hommes, p. 19.

[12] L'Araucana d' Ercilla .

[13] D'Orbigny, Homme Américain .

[14] Astek désigne les Mexicains de la vallée du Mexique qui parlaient la langue Astek . *Mexicain* , appliqué au royaume conquis par Cortés, est un terme politique plutôt qu'ethnologique.

[15] Contributions du Smithsonian à la connaissance, vol. je .

[16] Les îles indiennes et Madagascar.

[17] À savoir. le Korana, le Saab, le Hottentot et le Bushman.

[18] Les Agow , Somauli et les autres ; certains étant parlés très loin au nord, comme l' Agow et le Seracolé . Cette liste a déjà été publiée par l'auteur dans son Report on Ethnological Philology (Transactions of the Association for the Advancement of Science, 1847).

[19] Un tableau montrant cela se trouve dans les Transactions of the British Association for 1847, etc., pp. 224-228.

[20] Transactions de la Société Philologique, n° 33.

[21] Un petit tableau du berbère et du copte, comparés aux autres langues africaines, peut être vu au Classical Museum et dans les Transactions of the British Association, etc. pour 1846. Dans les Transactions de la Société Philologique se trouve une esquisse grammaticale de la langue Tumali , par le Dr L. Tutshek de Munich. Or le Tumali est une langue véritablement nègre du Kordofan ; tandis qu'en ce qui concerne la mesure dans laquelle ses inflexions sont formées par des changements internes de voyelles et d'accents, elle est pleinement égale aux langues sémitiques de Palestine et d'Arabie.

[22] Rien n'est dit sur le Cap Horn ; car l'Amérique par rapport à l'Asie est une île. Il est peut-être également inutile de répéter que le taux et le centre sont hypothétiques – l'un ou l'autre ou les deux peuvent être corrects ou non. Ce qui *n'est pas* hypothétique est l'approximation d'une *égalité de taux dans le cas des continents* . Il est difficile de concevoir de telles conditions, comme celles qui ont différé l'occupation d'îles comme Madagascar et l'Islande, par des émigrants d'Afrique ou du Groenland, pour une période indéfinie, gardant une partie de l'Afrique ou du Groenland vide tandis qu'une autre était pleine. L'égalité en question n'est donc que le résultat de l'absence, *sur les continents* , de toutes conditions susceptibles de l'arrêter pour une durée indéterminée. La question de savoir dans quelle mesure d'autres causes peuvent l'altérer ne fait pas partie de la présente question.

CHAPITRE V.

Les Ougriens de Laponie, de Finlande, de Permie , de l'Oural et de la Volga, région des familles aux cheveux clairs, les Turaniens , les Celtes d'Irlande, d'Écosse, du Pays de Galles, des Gaules, les Goths, les Sarmates, les Grecs et les Latins, les difficultés de Ethnologie européenne - déplacement - métissage - identification des familles anciennes - extinction des familles anciennes - les Étrusques - les Pélasges - l'isolement - les Basques - les Albanais - les classifications et les hypothèses - le terme indo-européen - l'hypothèse finnoise .

V. *De la Laponie à l'Asie du Nord-Ouest.* — Nous avons déjà dit que le Norvégien de Norvège présente un contraste remarquable avec le Tour du Finmark . Il n'y a rien de merveilleux là-dedans. Le Norvégien est un Allemand du sud et, par conséquent, membre d'une population intrusive.

La mesure dans laquelle un contraste similaire existe entre les Lapons et les Finlandais est plus remarquable ; puisque les deux appartiennent à la même famille. De cette famille, les Laps sont une branche extrême tant en termes de conformation physique que de position géographique. Le terme le plus commodément utilisé pour désigner le stock en question est *ougrien* . En Asie, les Voguls , Ostiaks , Votiaks , Tsheremis , Morduins et autres tribus sont *ougriens* .

Les Lapons sont généralement de teint basané, aux cheveux noirs et aux yeux noirs ; et les Majiars de Hongrie aussi . Les autres Ougriens, cependant, se distinguent par le fait qu'ils sont, dans une large mesure, une population *blonde* . Les Tshuvatsh ont un teint clair avec des cheveux noirs et quelque peu bouclés et des yeux gris. Les Morduins se divisent en deux divisions, les Ersad et les Mokshad ; dont les premiers sont plus souvent *roux* que les seconds. Les Tsheremiss ont les cheveux clairs ; les Voguls et les Ostiaks sont souvent roux ; les Votiaks sont les gens les plus roux du monde. Bien sûr, avec cela, nous avons les yeux bleus ou gris et la peau claire.

Peu d'écrivains semblent avoir jamais considéré le caractère exceptionnel de cette physionomie : en effet, il est regrettable qu'aucun terme comme *blanco* (ou *branco*), désignant des hommes plus clairs que les Espagnols et les Portugais, de la même manière que *Nègre* désigne ceux qui sont plus sombre, a évolué. Il est probablement trop tard pour le faire maintenant. En tout cas, les teints comme ceux de la *belle* partie du peuple anglais sont tout aussi exceptionnels que les visages de la même couleur que les Noirs du Golfe de Guinée.

Comme le Nègre, la peau blanche se rencontre principalement dans certaines limites ; et comme *nègre* , le terme *Blanc* est anthropologique plutôt qu'ethnologique, *c'est-à-dire* . *e*. la physionomie en question s'étend sur différentes divisions de notre espèce et ne coïncide en aucun cas avec des relations ethnologiques.

Les neuf dixièmes des populations à peau claire du monde se trouvent entre 30° et 65° de latitude Nord et à l'ouest de l' Oby . Les neuf dixièmes d'entre eux se retrouvent également dans les quatre familles suivantes : 1. Les Ougriens. 2. Le Sarmate. 3. Le gothique. 4. Le Celtique.

Les conditions physiques qui coïncident le plus étroitement avec la zone géographique des branches *blondes* des familles *blondes* nécessitent plus d'études qu'elles n'ont été trouvées. Des parties situées au nord et au sud, elle se distingue par des différences de latitude palpables et intelligibles. Les parties à l'est diffèrent moins évidemment ; néanmoins, ce sont des steppes et des plateaux plutôt que des étendues de forêts relativement basses. La zone *blonde* fait certainement partie des régions les plus humides du monde [23] .

La plupart des écrivains ont reconnu que les Ougriens sont devenus les Turcs de Tartarie et de Sibérie, eux-mêmes une division d'une classe contenant les grandes branches mongoles et tougouses ; Schott a fait le meilleur travail sur la partie philologique de la question.

Gabelentz a, m'a-t-on appris, récemment démontré que les langues *samoéides* entrent dans la même classe ; — affirmation que, sans avoir vu ses raisons, je suis tout à fait prêt à admettre.

Or, ce qui s'applique aux Samoéides [24] s'applique également à deux autres classes :

- 1. Les Iénisiens [24] sur le Haut Ienisseï ; et

- 2. Les Yukahiri [24] sur la Kolyma et l'Indijirka .

Cela nous donne un grand stock, commodément appelé *Turanian* , dont :

- 1. Les Mongols—

- 2. Les Toungouses — dont les Mantshus sont les représentants les plus connus —

- 3. Les Ougriens, tombant dans les branches lap, finlandaise , magiar et autres ; — avec

- 4. Les Hyperboréens , ou Samoéides , Yénisiens et Yukahiri , sont des branches.

Et ce stock nous emmène du Cap Nord à la Muraille de Chine.

VI. *De l'Irlande aux régions occidentales de l'Asie.* — La règle déjà mentionnée, à savoir. qu'une île doit toujours être considérée comme ayant été peuplée à partir de la partie la plus proche de la terre la plus proche ayant un caractère plus continental qu'elle, à moins qu'une raison puisse être démontrée du contraire, s'applique à la population de l'Irlande ; sous réserve de ce point de vue, le point d'émigration de la Grande-Bretagne devait être les régions autour de Mull of Cantyre ; et le point d'immigration en Irlande devait être la province d'Ulster et les régions les plus proches de l'Écosse.

Je ne vois aucune raison d'affiner cette doctrine, puisque le fait sans équivoque que le gaélique écossais et irlandais sont la même langue le confirme. Ici, cependant, comme dans tant d'autres cas, les opinions et les faits ne vont nullement ensemble ; et l'idée selon laquelle l'Écosse aurait été peuplée à partir de l'Irlande, et l'Irlande à partir d'un autre pays, est courante. L'introduction des *Écossais* d' *Écosse* de l'ouest, lorsqu'on l'examine, repose presque entièrement sur l'extrait suivant de Beda : « procedente tempore, tertiam Scottorum nationem in parte Pictorum recepit, qui duce Reudâ de Hiberniâ progressi, amicitiâ vel ferro sibimet inter eos has sedes quas hactenus habent vindicârunt ; à quo videlicet duce, usque hodie Dalreudini vocantur: nam eorum linguâ *Daal* partem significat. »

Or, comme ceci a été écrit vers le milieu du huitième siècle, il n'y a que deux déclarations qui peuvent être considérées comme des preuves contemporaines, à savoir. l'affirmation qu'au temps de Beda une partie de l'Écosse s'appelait le pays des *Dalreudini* ; et que dans leur langue , *daal* signifiait *partie* . L'origine irlandaise repose donc soit sur une *inférence* , soit sur une *tradition* ; une inférence ou une tradition qui, si elle était vraie, ne prouverait rien quant à la population *originelle* de l'un ou l'autre pays ; puisque le raisonnement qui s'applique à la relation entre la péninsule de Malacca et l'île de Sumatra s'applique ici. *Là* , la population passait d'abord de la péninsule à l'île, puis revenait – reflétée pour ainsi dire – de l'île à la péninsule. C'était, *mutatis mutandis, le cas de l'Écosse et de l'Irlande, à condition qu'il y ait une quelconque migration.*

Sur ce point, le témoignage de Beda peut être suffisant ou non pour l'historien. Cela n'est certainement pas satisfaisant pour l'ethnologue.

En disant cela, je ne fais nullement l'insinuation désobligeante que l'historien est indûment crédule, ou que l'ethnologue est un modèle de prudence. Aucune des deux affirmations ne serait vraie. Mais l'ethnologue, tout comme le petit capitaliste, ne peut pas s'offrir autant de crédit que son collègue travaillant dans le domaine de l'Homme. Il est comme un voyageur qui, partant de chez lui au crépuscule du soir, doit redoubler de prudence lorsqu'il arrive à un endroit où deux routes se croisent. S'il prend le mauvais, il n'a plus que la longue nuit devant lui ; et son erreur va de mal en pis. Mais l'historien commence par le crépuscule de l'aube ; de sorte que plus il va loin, plus il trouve sa voie clairement et plus facilement il rectifie les faux détours antérieurs. Argumenter de cause à effet, c'est voyager dans la pénombre du petit matin jusqu'à ce que nous atteignions le midi flamboyant. Argumenter de l'effet à la cause, c'est changer les nuances du soir pour l'obscurité de la nuit.

Ce que l'Écosse est à l'Irlande, la Gaule l'est à l'Angleterre. Du Shannon à la Loire et au Rhin, le stock est un ; une, mais non indivisible : la branche britannique (contenant le gallois) et la branche gaélique (contenant le écossais) formant ses deux sections principales.

A côté des Kelts viennent les Goths ; le terme *gothique* étant une désignation générale tirée d'un peuple particulier. L'Allemagne en est la patrie ; tout comme la Gaule était des Celtes . Ils se situent donc au nord de cette famille, ainsi qu'à l'ouest de celle-ci. Intrusives par rapport à toutes les autres populations de la terre, les branches des tribus gothiques se sont mises en contact et en collision avec la moitié des familles du monde. Premièrement, ils empiétèrent sur les Celtes et, pendant un certain temps, le courant des conquêtes fluctua. C'était le Rhin qui était la frontière contestée, autant du temps de César que du nôtre. Ensuite, ils se vengèrent des agressions de Rome ; de sorte que les Ostro - *goths* ont conquis l'Italie et les Visi - *goths* l'Espagne. Viennent ensuite les Francs de France et les Anglo-Saxons d'Angleterre. Aux IXe et Xe siècles, les tranchants des épées allemandes tournèrent dans un autre sens, et le Mecklembourg, la Poméranie, la Prusse et une partie de la Courlande, de la Silésie, de la Lusace et de la Saxe furent arrachés aux Sarmates, situés à l'ouest et au sud- *ouest* .

Il n'est pas rare d'élever les deux divisions de la grande souche sarmate au rang de groupes substantiels distincts, indépendants l'un de l'autre, quoique intimement alliés. Dans ce cas, la Lituanie, la Livonie et la Courlande contiennent la plus petite division, qui est commodément et généralement appelée la *Lithuanique* ; la population étant agricole, peu nombreuse, limitée à la campagne par opposition aux villes, et sans importance historique ; une population qui, aux Xe et XIe siècles, fut cruellement conquise sous le prétexte du christianisme par les chevaliers de l'épée allemands, rivaux en rapacité et en effusion de sang de leurs équivalents du Temple et de Saint-Jean, une population qui, à l'heure actuelle, , se trouve comme le fer entre le marteau et l'enclume, entre la Russie et la Prusse ; et qui, pendant une brève période seulement, sous les Jagellons , exerça les droits équivoques d'une famille dominante et envahissante — pendant une brève période seulement dans la véritable ère historique . Reste à savoir dans quelle mesure elle a pu faire davantage à une époque antérieure.

L'autre branche est la *branche slave* ; comprenant les Russes, les Serviens , les Illyriens, les Slovènes de Styrie et de Carinthie, les Slovaques de Hongrie, les Tsheks de Bohême et les Lekhs (ou Polonais) de Pologne, de Mazovie et de Gallicie . On parle beaucoup des perspectives d'avenir de ce stock ; la doctrine de certains historiens compétents est que, comme ils sont les plus jeunes des nations (terme quelque peu difficile à définir) et qu'ils n'ont joué jusqu'ici qu'un petit rôle dans l'histoire du monde, ils ont une grande carrière devant eux ; une perspective plus glorieuse que celle du français romano-keltique ou de l'anglais germanique de l'Ancien et du Nouveau Monde. Je doute de cette déduction et je doute du fait sur lequel elle repose. Mais nous en reparlerons plus tard. Les Sarmates Slavono -Lituaniens sont la quatrième grande famille d'Europe. Ils s'inscrivent certainement dans la lignée des migrations qui ont peuplé l'Irlande depuis l'Asie.

Au sud de celles-ci se trouvent deux branches d'une souche nouvelle, séparées l'une de l'autre, et présentant le phénomène difficile d'une discontinuité géographique jointe à une affinité ethnologique. Séparés des Slaves les plus méridionaux par les deux populations intrusives des Valaques et des Majiars , et par la famille primitive des Albanais, viennent...

- *un. Les Grecs* — et séparés des Slaves de Carinthie et de Bohême par les Germains intrusifs à l'heure actuelle, et par les mystérieux Étrusques dans l'Antiquité, viennent —

- *b. Les Italiens.* — On peut appeler ces deux familles latines ou helléniques au lieu de grecques et italiennes, si l'on veut ; et comme la répartition des nations est mieux étudiée dans les premières périodes de leur histoire, les premiers termes sont les meilleurs.

Avant de pouvoir envisager la classification de ces quatre familles : ougrienne, celte , gothique et gréco -latine, quelques nouvelles observations et certains faits nouveaux sont nécessaires.

L'ethnologie de l'Europe est sans doute plus difficile que celle de n'importe laquelle des trois autres parties du globe, peut-être plus que celle du monde entier. Cela n'a pas le caractère d'être ainsi, mais c'est ainsi. Plus nous en savons, plus nous en saurons peut-être. Comme l'est l'Europe illustrée par l'historien et l'antiquaire, elle a ses trous et ses coins sombres rendus d'autant plus visibles par l'éclairage.

En premier lieu, le fait même qu'elle soit le foyer des grandes nations historiques en a fait le théâtre de déplacements sans précédent ; car la conquête est la grande base de l'histoire, et *conquête* et *déplacement* sont des termes corrélatifs. On peut montrer qu'une plus grande partie de l'Europe est détenue par des nations mixtes ou conquérantes qu'on ne la trouve ailleurs – non que cela prouve absolument que les empiètements ont été plus grands

; mais cela donne de l'importance au plus grand degré dans lequel ils ont été enregistrés. Ainsi, là où dans d'autres parties du monde nous fermons nos journaux et disons *de non apparentibus* , etc., en Europe nous sommes contraints aux investigations les plus obscures et aux raisonnements les plus subtils.

Quelle est l'ampleur de ce déplacement ? L'histoire de quelques-unes seulement des nombreuses nations conquérantes nous raconte une histoire riche à cet égard. Il nous montre ce qui s'est passé au cours d'une période historique relativement brève. Ce qui se trouve au-delà, cela ne fait que le suggérer.

Les Ougriens, à une exception près, ont toujours souffert des empiètements des autres plutôt que d'être eux-mêmes envahisseurs. Mais l'exception est remarquable.

C'est celle des Majiars de Hongrie, qui, quelles que soient leurs prétentions à une extraction plus illustre que celle qu'ils partagent avec les Lapons et les Ostiaks , sont sans équivoque des Ougriens, pas des Circassiens, comme on l'a vainement imaginé, et pas de descendants. des Huns d'Attila, comme on l'a supposé plus raisonnablement. Cette dernière hypothèse est cependant infirmée par la forte probabilité que les guerriers du Fléau de Dieu aient été turcs.

Quoi qu'il en soit, leur arrivée en Europe n'est pas antérieure au Xe siècle, le pays qu'ils ont quitté ayant été le domaine actuel des Bachkirs.

L'ampleur du déplacement effectué par les Kelts est difficile à déterminer. On en entend parler dans tellement d'endroits que la famille semble omniprésente. Ne croyant absolument pas que les Cimmériens du Bosphore cimmérien aient été celtiques, et doutant à la fois des Scordisques de l'ancienne Noricum et des Celtibères de l'Espagne ancienne, je suis enclin à limiter la zone celtique à son extension *maximale* , à Venise vers l'ouest, et à le quartier de Rome vers le sud. Mais ce n'est pas assez. Ils étaient peut-être autochtones dans des régions qu'ils *semblent* avoir envahies en tant qu'immigrants. Cela complique la question et rend aussi difficile la détermination de l'étendue de leurs empiètements sur les autres que celle de l'étendue avec laquelle d'autres ont empiété sur eux – un point qui mérite d'être examiné plus en détail.

Les Goths ont toujours étendu leur frontière, frontière qui, je crois, n'atteignait autrefois que l'Elbe [25] . De là, jusqu'au Niémen , ils ont empiété aux dépens des Sarmates, slaves ou lituaniens selon le cas.

À l'époque de Tacite [25], il est fort probable qu'il n'y avait pas de Goths au nord de l' Eyder . Depuis lors, cependant, le Danemark, la Suède et la

Norvège ont été arrachés aux occupants précédents et sont devenus scandinaves.

La famille ougrienne s'étendait à l'origine aussi loin au sud que les montagnes Valdai. Cette partie de leur territoire est désormais russe.

Les conquêtes de Rome ont donné des langues dérivées du latin à l'Italie du Nord, aux Grisons, à la France, à l'Espagne et au Portugal, à la Valachie et à la Moldavie.

Cela nous amène à une autre question, celle de...

Mélange. — Il est certain que la langue d'Angleterre est d'origine anglo-saxonne et que les vestiges du Keltique originel sont sans importance. Il n'est pas du tout certain que le sang des Anglais soit également germanique. Une grande quantité de kelticisme , introuvable dans notre langue, existe très probablement dans nos pedigrees.

L'ethnologie de la France est encore plus compliquée. Beaucoup d'écrivains font du Parisien un Romain par la force de sa langue ; tandis que d'autres en font un Kelt sur la base de certaines caractéristiques morales combinées au kelticisme antérieur des premiers Gaulois .

L'espagnol et le portugais, en tant que langues, sont des dérivés du latin. L'Espagne et le Portugal, en tant que pays, sont ibériques, latins, gothiques et arabes dans des proportions différentes.

L'italien est le latin moderne dans le monde entier : mais il doit sûrement y avoir beaucoup de sang celtique en Lombardie et beaucoup de mélange étrusque en Toscane.

Au IXe siècle, entre l'Elbe et le Niémen, tout homme parlait un dialecte slave. Ils parlent désormais presque tous allemand. Sans doute le sang est-il moins exclusivement gothique que le discours.

Je n'ai rencontré aucune preuve qui m'incite à considérer la grande invasion majeure de la Hongrie comme autre chose qu'une simple conquête militaire. Si tel est le cas – et le raisonnement s'applique à neuf conquêtes sur dix – la moitié féminine de l'ascendance des locuteurs actuels de la langue Majiar devait être la femme du pays. C'étaient des turcs, des slaves, des turco -slaves, des romano-slaves et bien d'autres encore, bref, n'importe quoi, sauf Majiar .

La langue des Grisons est d'origine romaine.

Il en va de même pour les Valaques de Valachie et de Moldavie.

Néanmoins, dans chaque pays, la population originelle doit être, plus ou moins, représentée par le sang par la population actuelle.

Cela suffit à montrer ce qu'on entend par mélange de sang, à quel point il exige une enquête particulière et le nombre d'enquêtes de ce type que requiert l'ethnologie de l'Europe. En fait, elle fait l'objet d'un département spécial de la science, commodément appelé *ethnologie minutieuse*.

Identification des anciennes nations, tribus et familles. — Si les migrations et les déplacements n'existaient pas, l'étude des écrivains anciens serait une tâche facile. Dans l'état actuel des choses, c'est une question très difficile. Les neuf dixièmes des noms d'Hérodote, de Strabon, de César , de Pline, de Tacite et d'auteurs similaires en ethnologie et en géographie ne se trouvent pas sur les cartes modernes ; ou, s'ils sont trouvés, se produisent dans de nouvelles localités. Tel est le cas du nom de notre propre nation, les *Angli* , qui sont maintenant connus sous le nom de peuple *d' Angleterre* ; alors que, aux yeux de Tacite, c'étaient des Allemands. D'autres ont non seulement changé de place, mais ont complètement disparu. Bien entendu, c'est assez courant. Encore une fois, le *nom* lui-même peut avoir changé, bien que la population à laquelle il s'applique soit restée la même, ou que le nom et le lieu aient chacun changé.

Tout cela crée des difficultés, mais pas de nature à nous détourner de leur enquête. En même temps, les critiques qui doivent être formulées sont d'un type particulier et singulier. *L'une* des questions les plus complexes qu'elle doit traiter est celle du préalable nécessaire mais négligé de *la détermination de la langue dans laquelle apparaît tel ou tel nom géographique ou ethnologique* ; ce qui n'est en aucun cas un processus spontané. Lorsque Tacite parle des *Germains* , ou Hérodote des *Scythes* , les termes *scythe* et *allemand* peuvent ou non appartenir à la langue des peuples ainsi désignés ; en d'autres termes, il peut s'agir ou non de noms *indigènes* , noms connus des tribus auxquelles le géographe les applique.

En général, ces noms ne sont *pas* indigènes – une affirmation qui, à première vue, semble hasardeuse ; puisque l' opinion *prima facie* est en faveur du nom sous lequel une nation particulière est connue de ses voisins , étant le nom par lequel elle se caractérise. Nos voisins ne s'appellent-ils pas *Français* , tandis que nous disons *Français* , et les noms ne sont-ils pas identiques ? Dans ce cas particulier, ils le sont ; mais le cas est exceptionnel. Contrastez avec celui du mot *gallois* . *Welsh* et *Wales* sont les noms *anglais* des *Cymry* – anglais, mais nullement indigènes ; L'anglais, mais aussi peu *gallois* (à proprement parler) que le mot *indien* , appliqué aux hommes rouges d'Amérique, est *américain* .

Welsh est le nom par lequel l'Anglais désigne ses concitoyens de la Principauté. L'Allemand d'Allemagne appelle les *Italiens* par la même appellation ; le même par lequel il connaît aussi les *Valaques* , puisque *la*

Valachie , le *Pays de Galles* et *le Welschland* sont tous issus de la même racine. Quelle erreur serait-ce de considérer ces trois pays comme identiques, simplement parce qu'ils l'étaient de nom ! Pourtant, si ce nom était *natif*, telle serait la conclusion. Or, dans l'état actuel des choses, le lien principal qui les relie est leur relation commune avec l'Allemagne (ou l'Angleterre germanique) ; un lien qui aurait été totalement mal interprété si nous avions négligé l'origine allemande du terme et l'avions renvoyé par erreur aux langues des pays dans lesquels il s'appliquait.

Polyglotta » de Klaproth illustrera davantage cette différence importante entre le nom sous lequel une nation est connue d'elle-même et le nom sous lequel elle est connue de son géographe. Une certaine population de Sibérie s'appelle *Nyenech* ou *Khasovo* . Mais *aucun* de ses voisins ne l'appelle ainsi. Au contraire, chacun lui donne une appellation différente.

Le Obi- Ostiaks appeler *Jergan-Yakh* .

" Toungousiens " *Dyândal* .

" Syraniens " *Yarang* .

" Woguls " *Yarran-Kum* .

" les Russes " *Samöeid* .

Et si une tribu ancienne était ainsi polyonyme ? Et si cinq écrivains différents de l'Antiquité avaient tiré leurs informations des cinq nations différentes de ses voisines ? Dans un tel cas, il y aurait eu cinq termes pour un objet ; aucun d'entre eux n'appartient à la langue pour laquelle ils ont été utilisés.

Le nom lui-même de chaque population ancienne nécessite donc une enquête préalable. Et ces noms sont nombreux, plus en Europe qu'ailleurs.

L'importance des populations auxquelles s'appliquent ces noms est plus grande en Europe qu'ailleurs. Il est prudent de dire cela ; parce qu'il y a une raison à cela. Par ses déplacements excessifs, l'Europe est la partie du monde où l'on a les meilleures raisons de croire à l'existence antérieure de familles absolument éteintes, ou plutôt à l'extinction absolue de familles préexistantes. Il n'y a pas de noms en Asie qui posent autant de problèmes que ceux des *Pélasges* et *des Étrusques européens* .

Les changements et les complications impliqués dans les observations précédentes (et ils ne sont que quelques-uns parmi tant d'autres) sont le résultat de mouvements relativement récents ; des conquêtes accomplies au cours des vingt-cinq derniers siècles ; des migrations au cours (ou presque) de la période historique. Les phénomènes véritablement ethnologiques qui appartiennent à la *répartition elle-même* des familles existantes en Europe sont au moins d'égale importance.

isolement philologique les plus marqués sont européens ; les deux principaux spécimens étant les langues *basque* et *albanaise* .

La langue *basque* des Pyrénées a le même rapport avec l'ancienne langue de la péninsule espagnole que le gallois actuel a avec l'ancienne langue britannique. Il le représente dans ses fragments ; fragments, dont la conservation est due à l'existence d'une forteresse de montagne où les aborigènes pouvaient se retirer. Or, ce même basque est si isolé qu'il n'y a aucune langue au monde qui soit placée dans la même classe qu'elle, quelles que soient l'ampleur et la portée de cette classe.

L' *Albanais* est tout aussi isolé. Aussi différent des langues grecques, turques et slaves des pays voisins , que le basque l'est du français, de l'espagnol et du breton, il est également dénué de relations à distance. Il *n'est pas classé* – du moins sa position comme indo-européenne est douteuse.

Ce qu'étaient les langues pélasges et étrusques anciennes est incertain. Elles étaient probablement suffisamment différentes des langues de leur voisinage pour que leurs locuteurs soient mutuellement inintelligibles. Au-delà de cela, cependant, ils pourraient avoir été n'importe quoi ou rien en termes d'isolement. Ils étaient *peut-être aussi particuliers que les Basques et les Albanais*. Il *se peut* , en revanche, qu'ils soient tellement différents des grecs et des latins qu'ils appartiennent à une autre classe – la valeur de cette classe étant incertaine. Encore une fois, cette classe peut ou non avoir des représentants parmi les langues actuellement existantes. Je ne donne aucun avis sur ce point. Je ne mets en avant que l'isolement des Basques et des Albanais. Nous *savons* que ces dernières sont si différentes les unes des autres et de toutes les autres langues, qu'elles ne relèvent d'aucune des divisions reconnues par la philologie ethnographique et ses classifications.

Indo- germanique. — Ceci nous amène au terme *indo-germanique* ; et le terme *indo-germanique* nous ramène à la rétrospection des populations européennes, qui toutes, aujourd'hui existantes, ont été dénombrées, mais qui n'ont pas toutes été classées.

I. Les Ougriens sont une branche des Touraniens .

Les Touraniens forment soit une classe entière, soit une partie d'une classe, selon le point de vue sous lequel on les considère ; en d'autres termes, le groupe a une valeur en philologie et une autre en anatomie. Cela n'a rien d'extraordinaire. Cela signifie simplement que leur discours comporte des caractères plus marquants que leur conformation physique.

Je procède cependant à notre spécification : -

- *un.* Les Turaniens , quant à leur *conformation physique,* sont une branche des *Mongols* ; les Chinois, les Esquimaux et autres, étant membres de divisions similaires et équivalentes.

- *b.* En ce qui concerne leur *langue* , ils constituent le groupe le plus élevé reconnu, un groupe subordonné à aucun autre.

Pour changer l'expression de cette différence, le naturaliste anatomique de l'Espèce Humaine a dans le mot *mongol* un terme de généralité auquel le philologue n'est pas parvenu.

II. Les Grecs et les Latins, les Sarmates, et les Germains appartiennent à un groupe supérieur ; un groupe à peu près de la même valeur que le Turanien .

Les caractéristiques de ce groupe sont philologiques.

- *un.* Les *chiffres* des trois grandes divisions se ressemblent.

- *b.* Un grand pourcentage des noms des objets les plus courants se ressemblent.

- *c.* Les signes de *cas* dans les noms et de *personne* dans les verbes se ressemblent.

L'étendue géographique des populations parlant les langues ainsi reliées (langues qui se sont séparées de la langue maternelle commune à la suite de l'évolution des cas des noms et des personnes des verbes) a été si vaste que la langue littéraire de l'Inde appartient au classe en question. Aussi, lorsque ce fait fut connu, et que l'Inde passa pour l'extrémité *orientale* et l'Allemagne pour l' extrémité *occidentale* de la grande étendue de cette grande langue, le terme *indo-germanique* devint courant.

Mais sa monnaie ne dura pas longtemps. Le Dr Prichard a montré que les langues celtes avaient des chiffres indo-germaniques, un certain pourcentage de noms indo-germaniques pour les objets les plus communs et des terminaisons personnelles indo-germaniques des verbes. Depuis lors, le celtique est considéré comme une langue fixe, ayant une place définie dans la classification du philologue ; et le terme *indo-européen* [26] , exprimant la classe à laquelle il appartient, avec le sarmate, le gothique et les langues classiques de la Grèce et de l'Italie, a remplacé le composé original indo- *germanique* .

Nous savons maintenant ce que l'on entend par *indo-européen* ; un terme d'une généralité au moins égale à celle du terme *Turanien* .

- *un.* En *conformation physique,* les Indo-Européens sont une branche de la division supérieure appelée de manière impropre et inopportune *Caucasien* .

- *b*. En *termes de langage* , ils constituent le groupe le plus élevé jusqu'ici reconnu, un groupe subordonné à aucun autre.

Et nous avons également amélioré notre mesure de l'isolement du...

III. *Basques.* — Anatomiquement, ce sont des soi-disant *caucasiens* . Philologiquement, ils sont les seuls membres du groupe auquel ils appartiennent, et ce groupe est le plus reconnu. Ils sont comme une espèce dans l'histoire naturelle, qui est la seule de son genre , le genre étant le seul de son ordre, et l'ordre étant si indéterminé qu'il n'y a pas de classe supérieure à laquelle il soit subordonné.

IV. *Les Albanais* sont dans la même situation.

C'est cet état de classification qui nous inspire par excellence l'ambition de faire des groupes plus élevés ; groupes supérieurs en *philologie* , puisqu'en *anatomie* nous les avons tout faits — *i . e.* exprimé par les termes mongol et caucasien. L'école qui a fait les efforts les plus notables en ce sens est l'école scandinave. En Angleterre, elle est peut-être mieux appréciée qu'en Allemagne, et en Allemagne mieux qu'en France.

Je pense qu'il y avait une grande vérité en fragments. Elle sera d'abord considérée sous son aspect philologique. Rask, le plus grand génie de la philologie comparée que le monde ait connu, en a exposé les germes dans son ouvrage sur le Zendavesta . Ici, son hypothèse était la suivante. Le géologue le suivra avec aisance. Tout comme les formations ultérieures, isolées et sans lien entre elles, reposent sur un substrat antérieur et relativement continu d'antiquité secondaire, paléozoïque ou primaire, de même les populations parlant des langues celtiques, gothiques, slaves et classiques. Conquérants et envahisseurs partout où ils entraient en contact avec des stocks étrangers aux leurs, ils s'approprièrent, très tôt dans l'histoire, les neuf dixièmes de l'Europe et une partie de l'Asie. Mais devant eux se trouvait une population autochtone – *devant eux* au fil du *temps* . Il s'agissait de tribus, plus ou moins apparentées les unes aux autres, qui peuplaient l'Europe depuis le Cap Nord jusqu'au Cap Comorin et Gibraltar, ancêtres des Lapons au nord et ancêtres des Basques des Pyrénées au sud, toutes à la fois . *temps continu* . Cette époque était la période antérieure à l'invasion de la plus ancienne des familles mentionnées ci-dessus. Plus encore : l'Hindostan était peuplé de la même manière ; et, par hypothèse, les parties situées entre le nord de l'Hindostan et l'Europe.

Telle est la théorie. Examinons maintenant la distribution actuelle. Presque toute l'Europe est ce qu'on appelle l'indo-européen, *c'est-à-dire* celtique, gothique, slave ou classique. Mais ce n'est pas tout à fait vrai. En Scandinavie, nous avons les Laps ; en Russie du Nord, les Finlandais ; à la jonction de l'Espagne et de la France les Basques. Ce sont des fragments des

Aborigènes autrefois continus, séparés les uns des autres par les Celtes, les Goths et les Slaves. Ensuite, quant à l'Inde. Dans le Dekhan , nous avons une famille de langues appelée Tamul — isolée également. Entre chacun de ces points, la population est homogène par rapport à elle-même ; hétérogène par rapport aux tribus que nous venons d'énumérer. Mais il y avait autrefois une continuité, même si les roches les plus anciennes en géologie sont connectées, tandis que les plus récentes sont dissociées.

Telle était l'hypothèse de Rask ; une hypothèse à laquelle il a appliqué l'épithète *finnique* - puisque le Finlandais de Finlande était le type et l'échantillon de ces langues anciennes, aborigènes, hypothétiquement continues et hypothétiquement connectées. Cependant, l'invasion des Indo-Européens les plus forts les a brisés. Qu'il en soit ainsi. C'était une grande supposition ; même si c'est faux, un message grandiose et suggestif. Ce n'était pourtant qu'une supposition. Je ne dirai pas qu'aucun détail n'a été réglé. Quelques-uns ont été indiqués.

Des points reliant des langues aussi éloignées que le Tamul et le Finn furent remarqués, mais rien de plus ne fut fait. Pourtant, c'était une doctrine qui, si elle s'avérait fausse, valait mieux qu'un large pourcentage de vraies. Il apprenait aux chercheurs où chercher les affinités de langues apparemment isolées ; et il leur ordonnait de laisser de côté celles du voisinage et de regarder vers les quartiers où se présentaient d'autres langues également isolées.

J'ai cité Rask comme son apôtre. Arndt, m'a-t-on dit, en était l'initiateur. Mais ce sont les compatriotes de Rask qui ont le plus agi en conséquence.

Mais ils ont pris l'arme à l'autre bout du fil. Ce sont les *anatomistes* et *archéologues* de Scandinavie qui l'ont le plus travaillé. Les Celtes ont leur propre crâne tout comme ils ont une langue. Il en va de même pour les Danois, les Suédois, les Norvégiens, les Allemands, les Néerlandais et les Anglais. Peu importe ses caractéristiques. Il suffit de dire qu'il était – ou était censé être – différent de celui des Finlandais et des Basques. Il en était de même pour les Hindous – différents de ceux des Tamouls . Or, les sépultures des pays actuels des différentes populations gothiques ne contiennent que jusqu'à un certain point des crânes de caractère gothique. Les formes *les plus anciennes* contrastent avec les formes les plus anciennes, sauf une. Les *plus anciens* sont le Lap, le Basque et le Tamul . Si cela est vrai, cela confirme sûrement la théorie philologique. Mais est-ce vrai ? Je ne suis pas enclin à modifier les termes déjà utilisés. C'est une *supposition grandiose et suggestive* .

Il n'est pas nécessaire d'en dire davantage pour le moment ; car toute autre spéculation concernant la migration (*ou les migrations*) qui ont peuplé l'Europe à partir du centre hypothétique de l'Asie est prématurée. L'ethnologie de l'Asie s'impose au préalable.

NOTES DE BAS DE PAGE

[23] Lorsque la médecine ethnologique sera devenue plus étudiée qu'elle ne l'est, on verra probablement que les populations de la région en question sont celles qui sont les plus atteintes de scrofule.

[24] Un tableau montrant cela est imprimé dans « Varieties of Man » de l'auteur, pp. 270-272.

[25] Ces deux points sont développés en détail dans *Taciti Germania de l'auteur, avec des notes ethnologiques* .

[26] Pour une critique de ce terme, voir pp. <u>86</u> – <u>89</u> .

CHAPITRE VI.

L'Aire Monosyllabique — les T'hay — les Mô n et Khô — les Tables — les B ' chauds — les Chinois — les Birmans — la Perse — l' Inde — la famille tamulienne — les Brahúi — les Dioscuriens — les Géorgiens — Irô n — Mizjeji — Lesgiens — Arméniens — Asie Mineure — Lyciens — Cariens — Paropamisans — Conclusion.

NOTRE projet est maintenant de reprendre les différentes lignes de migration aux points où elles ont été respectivement interrompues. C'était à leurs différents points de contact avec l'Asie. La première ligne était—

I. *L' Américain.* — En assimilant l'Américain à l'Asiatique, l'ethnologue se trouve dans la position d'un irrigateur qui alimente une vaste étendue de terre assoiffée avec de l'eau provenant d'un niveau supérieur, mais retenue des parties inférieures par des remblais artificiels. Ceux-ci, il les supprime; son procédé étant simple mais efficace, et totalement indépendant des machines intelligentes des pompes, des roues hydrauliques et des branches similaires de l'hydraulique. L'obstacle étant supprimé, la gravitation fait le reste.

La survalorisation des particularités esquimaudes constitue le grand obstacle de l'ethnologie américaine. Lorsqu'on les ramène à leur juste niveau, le lien entre l'Amérique et l'Asie n'est ni plus ni moins l'un des plus clairs que nous ayons. C'est certainement plus clair que la jonction de l'Afrique et de l'Asie du Nord-Ouest ; pas plus obscur que celui entre l'Océanique et la péninsule transgangétique ; et incalculablement moins mystérieux que celui qui relie l'Asie à l'Europe.

En effet, il n'y a pas de rupture très grande, ni philologique ni anatomique, avant d'atteindre les confins de la Chine. Ici, la conformation physique reste sensiblement la même : le langage devient cependant *monosyllabique* .

Or, beaucoup d'écrivains habiles insistent tellement sur ce caractère monosyllabique, qu'ils croient que la séparation entre les langues ainsi constituées et celles dans lesquelles nous avons un accroissement de syllabes avec en outre une quantité d'inflexion appropriée, est trop grande pour être surmontée. Si la parole était un minéral, cela pourrait peut-être être vrai. Mais la parole *grandit* , et si un fait philologique est plus susceptible de preuve qu'un autre, c'est bien celui d'une langue monosyllabique et non fléchie étant une langue polysyllabique et fléchie dans son premier stade de développement — ou plutôt dans son non- *développement* .

Le Kamskadale , le Koriak, l'Aino-Japonais et le Coréen sont les langues asiatiques qui ressemblent le plus à celles de l'Amérique. Sans hésitation, en faisant cette affirmation — affirmation pour laquelle j'ai de nombreux vocabulaires tabulés comme preuve — je ne suis nullement disposé à dire qu'un dixième du travail nécessaire a été fait pour les parties en question ; en fait, j'ai l'impression qu'il est plus facile de relier l'Amérique aux îles Kouriles et au Japon, etc., que de rendre le Japon et les îles Kouriles, etc., asiatiques. Le groupe qu'ils forment appartient à une zone où les déplacements ont été très importants. La famille Kamskadale est presque éteinte. Les Coréens, qui occupaient probablement une grande partie de la Mantshurie , ont été envahis à la fois par les Chinois et les Mantshus . La même chose a été le cas avec les Ainos du bas Amúr . Enfin, toute la moitié nord de la Chine était à l'origine occupée par des tribus probablement intermédiaires à leurs conquérants chinois, les Mantshus et les Coréens.

Que les affinités philologiques nécessaires pour établir l'origine asiatique des Américains se trouvent ailleurs qu'à la surface de la langue, je l'avoue. Voici un exemple de la manière dont il convient de les rechercher.

Le *Yukahiri* est une langue asiatique de la Kolyma et de l'Indijirka . Comparez ses chiffres avec ceux des autres tribus en direction de l'Amérique. Ils diffèrent. Ce ne sont pas des Koriak, ni des Kamskadale , et en aucun cas des Esquimaux ; ni encore Koluch . Avant de retrouver le nom d'une seule unité Yukahiri réapparaître dans d'autres langues, nous devons aller aussi loin au sud, le long de la côte ouest de l'Amérique, que dans les environs de l'île de Vancouver. Nous y trouvons la langue Hailtsa – où *malúk* = *deux* . Or, le terme Yukahiri pour *deux* n'est pas *malúk* . C'est un mot dont je ne me souviens pas. Néanmoins, *malúk* = *deux* existe bel et bien dans le Yukahiri . Le mot pour *huit* est *malúk* × le terme pour quatre (2 × 4) .

Ce phénomène se répéterait en anglais si nos chiffres étaient ainsi : — 1. *un* ; 2. *paire* ; 4. *quatre* ; 8. *deux-quatre* ; auquel cas tous les arguments basés sur la correspondance ou la non-correspondance des chiffres anglais avec ceux de l'Allemagne et de la Scandinavie seraient aussi valables que si le mot *deux* était le nom réel de la deuxième unité. En fait, à un certain égard, ils le seraient davantage. La manière particulière dont le Hailtsa *malúk* réapparaît dans le Yukahiri est concluant contre l' *emprunt du nom* . Que ce soit *accidentel* est une tout autre question. Cela dépend de la mesure dans laquelle il s'agit d'une coïncidence unique ou parmi tant d'autres. Tout ce qui est tenté, à l'heure actuelle, est d'illustrer dans quelle mesure les ressemblances peuvent être déguisées, et le soin qui en résulte requis pour les détecter [27] .

II. *La connexion entre l'Océanique et l'Asie du Sud-Est* . — La conformation physique des Malais est si fidèle à celle des Indochinois, qu'il n'y a aucune difficulté dans ce domaine. Les questions philologiques sont un peu plus graves. Ils impliquent le doute déjà suggéré à propos des relations entre une langue monosyllabique comme le siamois et une langue autre que monosyllabique comme le malais.

Cela nous amène au grand domaine des langues monosyllabiques elles-mêmes. *Géographiquement* , cela signifie la Chine, le Tibet, la péninsule transgangétique et les régions sub-himalayennes du nord de l'Inde, comme le Népal, le Sikkim, l'Assam, le pays de Garo et d'autres localités similaires.

Politiquement , cela signifie les empires chinois, népalais, birman et siamois, ainsi que plusieurs tribus anglo-indiennes et indépendantes.

religion principale est le bouddhisme ; la conformation physique est sans équivoque *mongole* .

Le passage du *mono* -syllabique au *poly* -syllabique n'a jamais créé beaucoup de difficultés pour moi : et je ne pense pas non plus qu'il en sera de même pour tout écrivain qui considère les plus grandes difficultés qu'implique le fait de le nier. Ce que c'est deviendra évident lorsque nous regarderons la carte de l'Asie et observerons les langues qui entrent en contact avec celles de la classe en question. Il deviendra alors clair que *si nous ne lui permettons pas de former un lien, non seulement elle reste seule, mais elle isole les autres familles* . Ainsi, ce n'est que par la péninsule transgangétique que la famille *océanienne* peut se relier à la *famille indienne* ; une connexion qui repose sur des raisons suffisamment bonnes pour avoir incité des écrivains prudents [28] à croire que l'affiliation était *directe* et *immédiate* . Ce n'est qu'à travers cette même péninsule transgangétique , *plus* le Tibet et la Chine, que les grandes familles sibériennes – touraniennes et japonaises – peuvent être reliées de la même manière à l'Océanienne. Pourtant, une telle connexion existe réellement, même si, en raison de son caractère indirect, elle n'est que partiellement reconnue . Néanmoins, *c'est* reconnu (souvent peut-être inconsciemment) par tout chercheur qui hésite à séparer le Malais du Mongol.

Une difficulté bien plus grande naît des considérations suivantes : — Il existe deux principes selon lesquels les langues peuvent être classées. Selon la première, nous prenons deux ou plusieurs langues telles que nous les trouvons, vérifions certaines de leurs caractéristiques, puis cherchons dans quelle mesure ces caractéristiques coïncident. Deux langues ou plus, ainsi prises, peuvent s'accorder sur un pourcentage élevé d'inflexions grammaticales, auquel cas elles s'accorderaient sur certains caractères *positifs* . D'un autre côté, deux ou plusieurs langues peuvent s'accorder sur le fait *négatif* d'avoir un vocabulaire restreint et peu abondant, et un système flexionnel également limité.

La complication suggérée ici réside dans un fait dont une petite réflexion montrera la vérité, à savoir. que *les points de similitude négatifs ne prouvent rien en termes de connexion ethnologique* ; d'où, en ce qui concerne la simplicité de leurs grammaires respectives, le siamois, le birman, le chinois et le tibétain peuvent être aussi peu apparentés les uns aux autres, ou à une langue maternelle commune, que les langues les plus dissemblables de tout le monde de la parole. .

Encore une fois, il ne s'ensuit nullement que, parce que toutes les langues de la famille en question sont relativement dépourvues d'inflexion, elles appartiennent toutes à la même classe. Une caractéristique de ce genre peut provenir de deux raisons : *non* -développement, ou perte. Il existe un stade *antérieur* à l'évolution des inflexions, où chaque mot n'a qu'une seule forme, et où la relation s'exprime par simple juxtaposition, avec ou sans surajout d'un changement d'accent. Les tendances de cette étape sont de combiner les mots dans la manière de composer, mais pas d'aller plus loin. Chaque mot conserve partout son caractère substantiel distinct et a une signification indépendante de sa juxtaposition avec les mots avec lesquels il se combine.

Mais il y a aussi une étape *postérieure* à une telle évolution, où les inflexions se sont effacées et où les terminaisons de cas, comme le *i* dans *patri- i* , sont remplacées par des prépositions (dans certains cas par des postpositions) comme le *to* in *to père* ; et quand les terminaisons personnelles, comme le *o* dans *voc -o* , sont remplacées par des pronoms, comme le *I* dans *J'appelle* . De la *première* de ces étapes, le chinois est la langue qui offre le spécimen le plus typique que l'on puisse trouver à l' heure actuelle des langues *tardives* , *tardives* , étant donné que nous recherchons un échantillon de ses formes les plus anciennes. De la *dernière* de ces étapes, l'anglais de l'année 1851 offre le spécimen le plus typique que l'on puisse trouver à l'époque actuelle *du* langage, précoce, si l'on considère que nous recherchons un échantillon de ses formes les plus récentes.

Ainsi-

- *un.* Dans quelle mesure les différentes langues monosyllabiques se trouvent- *elles toutes* au même stade ? C'est une question.

- *b.* Que cette étape soit la *plus précoce* ou la *plus tardive* , c'en est une autre ; et-

- *c.* Qu'ils soient liés par *des relations* ainsi que sous une *forme externe* , en est une troisième.

En réponse à cela, on peut dire sans se tromper (*a.*) qu'ils ne sont *tous* pas infléchis, parce que les inflexions doivent encore évoluer ; non pas parce qu'ils ont évolué et se sont perdus – comme c'est le cas de l'anglais, une langue qui se situe à une extrémité de l'échelle, tout comme le chinois à l'autre.

(*b.*) Ils sont également tous liés par une *véritable* relation ethnologique *;* comme le montrent de nombreux tableaux ; les Chinois et les Tibétains étant apparemment les deux extrêmes, en termes de différence.

Quant à leur répartition géographique, c'est une loterie à blanc, avec de grandes et petites zones juxtaposées et contrastées, tout comme cela a été le cas en Amérique et en Afrique ; les parties sub-himalayennes de l'Inde britannique, le Sikkim et le Népal , et la frontière indo-birmane (ou le pays autour de l'Assam et de Munipúr) sont les régions où la multiplicité de langues mutuellement inintelligibles dans un district limité est la plus grande.

Encore une fois, chaque fois que cette dernière distribution se produit, nous avons soit la solidité des montagnes, soit l'indépendance politique, soit le credo païen primitif, généralement les trois.

La population parlant une langue monosyllabique et qui est en contact le plus immédiat avec les tribus continentales de souche océanique est les Siamois du Sud. Cela s'étend jusqu'à la frontière nord de Kedah (Quedah), environ 8° N. L. Tout au nord de celle-ci est monosyllabique ; à l'exception d'une colonie malaise (probablement, mais pas certainement, d'origine récente) sur la côte de Kambogia .

Or la grande souche à laquelle appartiennent les Siamois s'appelle T ' hay . Sa direction est du nord au sud, coïncidant avec le cours du grand fleuve Ménam ; au-delà des sources desquelles les **tribus** T'hay atteignent l'Assam. Parmi ces T'foins **du nord** , les *Khamti sont* les plus nombreux ; et il est important de savoir que jusqu'à 92 mots sur 100 sont communs à ce dialecte et au siamois classique de Bankok .

Encore une fois, les tribus intermédiaires du Haut et du Moyen Ménam — les Lau — parlent une langue aussi clairement siamoise que les Khamti . S'il en est ainsi, la langue T ' hay , largement étendue dans la direction particulière du nord au sud, est une langue qui ne se décline que dans un petit nombre de dialectes ; d'où l'on peut déduire qu'elle s'est répandue au cours d'une période relativement récente. En conséquence, elle a empiété sur certaines autres populations et procédé à certains déplacements.

Je pense que même dans les détails les plus infimes qui se présentent maintenant, nous pouvons voir notre chemin ; au moins jusqu'à déterminer dans quelle direction le mouvement s'est produit, si c'était du nord au sud ou du sud au nord.

Peu de classes de langues peuvent être mieux étudiées à des fins ethnologiques que les monosyllabiques. Un article de Buchanan et un autre de Leyden comptent parmi les articles les plus précieux des Asiatic Researches. L'un des articles de M. Brown dans le Journal of the Asiatic

Society of Bengal nous donne de nombreux vocabulaires tabulés pour les frontières birmanes, assamiennes et indiennes. M. Hodgson et le Dr Robertson ont fait encore plus pour les mêmes parties. Enfin, les principaux dialectes du sud, moins étudiés, sont répertoriés dans le deuxième volume de Crawfurd's Embassy to Siam.

En les examinant, nous trouvons des spécimens des deux langues qui s'étendent à l'est et à l'ouest du siamois du sud ; la première étant la langue *Khô de* Kambogia , et la seconde le *Môn* de Pegu . Chacun de ces éléments est parlé sur une petite zone ; en effet , le Môn , qui est actuellement presque limité au delta de l' Irawaddi , cède rapidement devant les dialectes envahissants de la classe birmane, tandis que le Khô de Kambogia est également limité à la partie inférieure du Mékong et est encerclé par les Siamois, les Lau et les Anamitiques de Cochinchine.

Or, séparés comme ils le sont, les Môn et les Khô se ressemblent plus que l'un ou l'autre ne l'est aux Siamois voisins ; la conclusion étant qu'à une certaine époque, ils étaient reliés par des dialectes de transition et intermédiaires, autochtones du bas Menam , mais maintenant déplacés par les Siamois de Bankok introduits des régions situées vers le nord.

Si tel est le cas, la langue monosyllabique la plus étroitement alliée à celles de la péninsule malaise (qui ne sont *pas* monosyllabiques) n'est pas le siamois actuel, mais la langue que le siamois actuel a remplacé.

Dans quelle mesure cette opinion est confirmée par des affinités particulières entre les dialectes malais avec le Môn et le Khô, c'est plus que je ne peux dire. L'examen devrait cependant être fait.

Le *sud* Non seulement les dialectes du T'hay ressemblent moins au Môn et au Khô que ce que l'on pourrait attendre de leur localité, mais ceux du *nord* ressemblent moins à ceux de la frontière indo-birmane et de l'Assam que la contiguïté géographique ne nous laisse supposer ; puisque le pourcentage de mots communs au Khamti et aux autres dialectes du Munipur et de l'Assam est seulement le suivant [29] .

Siamois.   Khamti .

0	1	pour cent.	avec le	Alias.
0	1	"	"	Abor.
3	5	"	"	Misimi .
6	8	"	"	Birman.

Siamois.	Khamti .			
8	8	"	"	Karienne .
3	3	"	"	Singapour .
dix	dix	"	"	Jili .
1	3	"	"	Garô.
3	3	"	"	Munipuri .
1	1	"	"	Songphu .
0	0	"	"	Kapwi .
1	1	"	"	Koreng .
0	0	"	"	Maram .
0	0	"	"	Kampung .
0	0	"	"	Luhuppa .
0	0	"	"	Tankhul du Nord .
0	0	"	"	Tankhul central .
0	0	"	"	Tankhul Sud .
0	0	"	"	Khoibu .
0	0	"	"	Marage .

Cela montre que leur localité d'origine doit être recherchée aussi bien dans une direction *orientale que septentrionale* .

Si les dialectes T'hay ressemblent moins au birman que la plupart des autres membres de leur classe, ils ressemblent davantage **au B'hot** du Tibet .

Anglais	bateau.
Ahom	*ru* .
Khamti	*hein.*
Lau	*heic.*
Siamois	*reng.*
W. Tibétain [30]	*grou* .

Tibétain du Sud [30] *Kua.*

Anglais os.

Khamti *nuk* .

Lau *duc.*

Siamois *ka-duk.*

S. Tibétain *ruko.*

Anglais corbeau.

Ahom *ka.*

Khamti *ka.*

Lau *ka.*

Siamois *ka.*

W. Tibétain *kha-ta.*

Anglais oreille.

Khamti (3) *hein* .

W. Tibétain *sa* .

S. Tibétain *amcho.*

Anglais œuf.

Ahom *Khraï* .

Khamti *khaï* .

Lau *khaï.*

Siamois *khaï.*

Anglais père.

Ahom (3) *po.*

W. Tibétain *phá* .

S. Tibétain *pala.*

Anglais feu.

Ahom (3) *fai* .

W. Tibétain *má* .

S. Tibétain *moi.*

Anglais	fleur.
Ahom	*bloc* .
Khamti	*mok* .
Lau	*ok.*
Siamois	*dokmaï.*
W. Tibétain	*moi-ensemble.*
S. Tibétain	*hommes-tok.*
Anglais	pied.
Ahom	*étain.*
W. Tibétain	*r kang -pa.*
S. Tibétain	*kango.*
Anglais	cheveux.
Ahom	*phrum* .
Khamti	*phom* .
Lau	*phom.*
Siamois	*phom.*
W. Tibétain	*Skra* .
——	*spu* .
S. Tibétain	*ta.*
——	*Kra.*
Anglais	tête.
Ahom	*ru* .
Khamti	*ho.*
Lau	*ho.*
Siamois	*hoah.*
W. Tibétain	*mon Dieu* .
S. Tibétain	*aller.*
Anglais	lune.

Siamois   *tawan.*

W. Tibétain   *ʐ lave* .

S. Tibétain   *dawa.*

Anglais   mère.

Ahom (4)   *moi.*

Tibétain   *maman.*

Anglais   nuit.

Khamti (3)   *khün* .

W. Tibétain   *m tshan -mo.*

S. Tibétain   *chen-mo.*

Anglais   huile.

Ahom   *homme grá* .

Khamti   *nom* .

———   *homme.*

Lau (2)   *nom.*

———   *homme.*

S. Tibétain   *num.*

Anglais   route.

Ahom (2)   *táng* .

Siamois   *merci.*

W. Tibétain   *lami* .

S. Tibétain   *lani.*

Anglais   sel.

Ahom   *klu* .

Khamti   *ku* .

Lau   *keu.*

———   *keou.*

Siamois   *kleua.*

Anglais   peau.

Ahom   *plek* .

W. Tibétain   *pag -spa.*

S. Tibétain   *pag-pa.*

Anglais   dent.

Ahom   *khiu* .

Khamti   *khiu* .

Lau   *khiau.*

Siamois   *khiau.*

Tibétain   *donc.*

Anglais   arbre.

Ahom   *tonneau.*

Khamti   *tonneau.*

Lau   *tonne.*

Siamois   *tonne.*

W. Tibétain   *l. Jon -shing.*

S. Tibétain   *tibia-dong.*

Anglais   trois.

Ahom (3)   *sam.*

W. Tibétain   *somme q.*

S. Tibétain   *somme.*

Anglais   quatre.

Ahom (3)   *si* .

W. Tibétain   *bzhi* .

S. Tibétain   *zhyi.*

Anglais   cinq.

Ahom (3)   *Ha.*

W. Tibétain   *hein* .

S. Tibétain   *gna.*

Anglais   six.

Ahom   *ruk* .

Siamois (3)   *hok.*

W. Tibétain   *Druk* .

S. Tibétain   *jeu.*

Anglais   neuf.

Ahom (3)   *kau.*

W. Tibétain   *d- gu* .

S. Tibétain   *hein.*

Anglais   dans, sur.

Ahom   *nu.*

Khamti   *Nau* .

Lau   *nouveau.*

Tibétain   *la, na.*

Anglais   maintenant.

Ahom   *Tinaï* .

Khamti   *tsang* .

Lau   *longueur.*

W. Tibétain   *deng-tsé* .

S. Tibétain   *merci.*

Anglais   demain.

Ahom   *sang- manai* .

Tibétain   *a chanté.*

Anglais   boire.

Siamois   *déum.*

W. Tibétain   *p thung.*

S. Tibétain   *string.*

Anglais   dormir.

Ahom (2)   *non.*

W. Tibétain	*nyan* .
S. Tibétain	*non.*
Anglais	rire.
Ahom	*Khru* .
Khamti	*khó* .
Lau	*khoa.*
Siamois	*hoaro.*
W. Tibétain	*b , putain* .
S. Tibétain	*ʃgá.*

[30] S. signifie le *tibétain parlé* , W. le tibétain *écrit* . La collation a été faite à partir d'un tableau de M. Hodgson dans le Journal of the Asiatic Society of Bengal. L'Ahom est un dialecte T'hay .

Le B ' hot lui-même est parlé sur une vaste zone avec peu de variations. Nous anticipons l'inférence. C'est une langue intrusive, de diffusion relativement récente. Quelle a été sa direction ? D'est en ouest plutôt que d'ouest en est ; c'est du moins ce que l'on peut déduire de sa similitude avec le T'hay et de la multiplicité des dialectes — représentants d'une population en déclin — dans l'Himalaya du Népal et du Sikkim . C'est cependant un point sur lequel je parle avec hésitation.

Les dialectes de la classe B'hot sont parlés aussi loin à l'ouest que les régions du Cachemire et du bassin versant de l'Indus et de l'Oxus. Cela nous donne la plus grande étendue vers l'est de toute langue sans équivoque monosyllabique.

Les Chinois semblent avoir effectué des déplacements aussi remarquables par la largeur et la longueur que les T ' hay l'étaient par la longueur. Nous arrivons à leur localité d'origine par le processus exhaustif. Ils continuent actuellement d'empiéter sur les frontières nord et ouest , aux dépens des Mantshu et des Mongols. Pour les provinces de Chansi , Petche - li, Chantung , Honan, etc., en effet, pour les quatre cinquièmes de tout l'empire, l'uniformité du langage indique une diffusion récente. À Setshuen et au Yunnan , le type change probablement de celui du vrai chinois au tibétain, au T'hay et au birman. Au Tonkin et au Cochin , la langue est semblable mais différente — assez semblable pour être la seule langue monosyllabique qui soit placée par quiconque dans la même section que le chinois, mais suffisamment différente pour que cette position soit un sujet de doute pour beaucoup. En mettant tout cela ensemble, les provinces du sud et du sud-est de la Chine semblent être les parties les plus anciennes de la région actuelle.

En les considérant comme les provinces mères, les preuves de l'ethnologie, d'une part, et celles de la masse de traditions et d'inférences qui passent sous le titre honorable d'histoire chinoise, de l'autre, sont en désaccord. Ce dernier est le suivant : -

À une époque antérieure à 550 avant JC, le premier monarque avec lequel commença l'amélioration de la Chine, et dont le nom était Yao, régnait sur une petite partie de l'empire actuel, à savoir. son quartier *nord-ouest* ; et les premières nations contre lesquelles il combattit étaient les Yen et les Tsi , respectivement à Petche - li et Shantong .

Plus tard encore, Honan fut conquis.

550 avant JC. Tout le sud du Takeang était barbare ; et le titre de roi des Chinois n'était que *Vang* ou *prince* , et non *Hoang-te* ou *empereur* .

A cette époque vivait Confucius. Il écrivit entre autres les *Tschan-tsen* , ou Annales de son temps.

213 avant JC. Shi- hoang - ti , le premier empereur de toute la Chine, construisit la grande muraille, colonisa le Japon, conquit les régions autour de Nankin et *détruisit délibérément tous les documents existants sur lesquels il pouvait mettre la main* .

BC 94. Sse -mats- sian a vécu. Ce que Shi- hoang - ti manquait en termes de documents, Sse -mats- sian l'a préservé et, en tant que tel, passe pour la Chine d'Hérodote.

Une destruction des documents antérieurs, suivie d'une reconstruction de l'histoire qu'ils sont censés incarner, est toujours suspecte ; et une fois admis le principe de reconstruction, aucune valeur ne peut être attachée à la probabilité intrinsèque d'un récit. Cela peut être probable. C'est peut-être vrai. Elle ne peut cependant être historique que si elle est étayée par des témoignages historiques ; puisque, si c'est vrai, c'est une supposition ; et si probable, un spécimen du tact de l'inventeur. Au mieux, il ne peut s'agir que d'une *tradition* ou d'une *inférence* , dont la base peut être un certain nombre de faits, petits ou grands selon le tempérament de l'enquêteur.

Or, dans l'exposé précédent de l'histoire de la civilisation chinoise, nous avons placé ses prétentions à une haute antiquité sous un point de vue aussi favorable qu'il est permis. Ils ont l'apparence de la vérité, à tel point que si nous avions des raisons de croire qu'il existait un moyen de les enregistrer à une époque aussi ancienne que 600 ans avant JC, et de les préserver jusqu'à une époque aussi tardive que l'année 51 , le scepticisme serait impertinent.

Mais ce n'est pas le cas. Un fait historique doit être pris sur la base de preuves et non de probabilités ; et argumenter l'antiquité d'une civilisation comme celle des Chinois à partir de l'antiquité de son histoire, et revendiquer ensuite une valeur historique pour des traditions lointaines en s'appuyant sur la force d'une civilisation primitive, c'est raisonner en cercle.

Sans dire que *tous* les arguments sur l'antiquité de l'Empire chinois sont de ce genre, on peut affirmer à juste titre que *la plupart* d'entre eux l'ont été, au point de faire de Confucius un personnage aussi mythologique que Minos et de rapporter les premiers documents raisonnables. à une époque postérieure à l'introduction du bouddhisme de l'Inde. Même cette antiquité n'est que probable.

Un bloc carré de terre entre le Gange et le Haut Irawaddi est occupé par une section dominante et plus de trente sections subordonnées d'une seule et même population : les *Birmans* . Certains d'entre eux sont des montagnards et se sont retirés devant les Indiens du sud et de l'ouest, empiétant sur les pays originellement birmans d'Assam, Chittagong et Sylhet. D'autres sont eux-mêmes des intrus ou (ce qui revient au même) des consolidateurs des pays conquis. Tels sont les Avans de l'Empire birman proprement dit, qui semblent avoir suivi le cours des Irawaddi , déplaçant non seulement de petites tribus voisines d'eux, mais aussi les Môn de Pegu . Enfin, les Kariens imitent le foin T ' dans la longueur de leur territoire et dans sa direction nord et sud, se trouvant dans la partie sud des provinces de Tenasserim (dans 11 ° N. L.) et aux confins mêmes de la Chine (à 23 ° N. L.).

Aucune grande famille n'a sa distribution aussi étroitement coïncidée avec un système d'eau que celle en question. Le plateau de Mongolie et l'Himalaya sont ses limites. Il occupe la totalité [31] de tous les fleuves qui naissent dans ces limites et se jettent soit dans le golfe du Bengale, soit dans la mer de Chine ; tandis que (à l'exception des parties himalayennes de l'Indus et du Gange) il n'occupe aucune des autres. Les lignes de migration des populations indochinoises ont généralement suivi les cours d'eau des fleuves indochinois ; et la civilisation a prospéré principalement le long de leurs vallées. Cependant, comme celles-ci conduisent à un océan interrompu par aucun nouveau continent, leur orientation a eu pour effet d'isoler les nations qui les possèdent. J'imagine que cela a bien plus à voir avec les particularités de la civilisation chinoise qu'autre chose. Si les Hoang-ho étaient tombés dans une mer comme la Méditerranée, l'Empire céleste aurait probablement cédé et pris en termes d'influence sociale et politique, aurait agi sur les mœurs du monde dans son ensemble et aurait lui-même réagi sur le plan de l'influence sociale et politique. . Les différences ne devraient être attribuées qu'à une force aussi indéfinie et aussi impalpable que *la race* , lorsque toutes choses sont égales par ailleurs.

Partant du principe qu'il faut traiter les questions par ordre de complexité, afin de traiter en premier la plus simple, je laisse de côté, pour le moment, la connexion entre l'Afrique et l'Asie du Sud-Ouest, et je prends la plus facile des deux questions européennes.

Les Turaniens . — La ligne qui, commençant en Laponie, et, après avoir montré les grandes affiliations touraniennes , se termine à la muraille de Chine, comprenant les Ougriens, les Samoéides [32] , les Yénisiens [32] , les Yukahiri [32] , les Turcs, les Mongols et les Toungouses . [33] , est lié au domaine des langues monosyllabiques avec différents degrés de clarté selon le critère employé. La conformation physique est presque identique. Les langues diffèrent : le touranien , comme l'océanien et l'américain, étant fléchi et polysyllabique [34] . Avec cette différence, les complexités de l'affiliation commencent et finissent. Leur montant a déjà été suggéré.

Une grande partie de l'Europe du Nord, la Tartarie indépendante, la Sibérie, la Mongolie, le Tibet, la Chine et la péninsule transgangétique , ont désormais été liquidées. Il reste néanmoins l'Inde, la Perse, l'Asie Mineure et le Caucase ; en taille peu considérable, en difficulté grande — très difficile parce que les points de contact entre l'Europe et l'Asie, et entre l'Afrique et l'Asie, se situent dans cette zone ; très difficile car les déplacements ont été énormes ; très difficile car, outre les déplacements, il y a également eu des mélanges. De peur que quelqu'un sous-estimons le déplacement, qu'il regarde l'Asie Mineure, qui est aujourd'hui turque, qui a été romaine, perse et grecque, et qui n'a pas un seul vestige sans équivoque de sa population d'origine sur toute sa longueur et sa largeur. Pourtant, aussi formidable soit-il, ce n'est rien de plus que ce à quoi nous nous attendons *a priori* . Quelles familles sont et ont été plus envahissantes que les populations des environs : Turcs du nord, Arabes du sud et Perses de l'est ? Les empires les plus anciens du monde se trouvent ici – et les anciens empires impliquent une consolidation précoce ; consolidation précoce, déplacement prématuré. Viennent ensuite les phénomènes de mélange. Il existe dans l'Inde une langue littéraire très ancienne et pleine d'inflexions. Parmi ces inflexions, aucune sur dix ne peut être retrouvée dans une langue moderne dans toute l'Asie. Pourtant, ils sont répandus et courants dans de nombreux pays européens. Encore une fois, les *mots* de cette même langue, *moins* ses inflexions, sont répandus et communs dans les langues mêmes où les inflexions manquent ; dans certains cas, cela représente les neuf dixièmes de la langue. Quelle en est la conclusion ? Pas très clair en tout cas.

L'Afrique n'a qu'un seul point de contact avec l'Asie : l' Arabie. On peut le dire sans se tromper, car, que l'on effectue la migration par l'isthme de Suez ou par le détroit de Babel-Mandeb, les résultats sont similaires. La souche asiatique, dans les deux cas, est la même : sémitique. Mais l'Europe, en plus de ses autres mystères, en a deux ; peut-être trois. L'une d'elles est assez simple : celle de la lignée Lap et de la souche touranienne . Mais les autres ne le sont pas. Il est facile de rendre les Ougriens asiatiques ; mais il n'est pas du tout facile de relier les autres Européens aux Ougriens. Les Sarmates, les plus proches géographiquement, n'ont jamais été affiliés avec beaucoup de succès à eux. En fait, les auteurs ont été si réticents à admettre cette relation que l'hypothèse finlandaise, malgré toute son audace, est apparue comme la meilleure alternative. Pourtant, l'hypothèse finlandaise n'est qu'une supposition. Même s'il n'en est pas ainsi, elle n'embrasse que les Basques et les Albanais ; de sorte que les soi-disant Indo-Européens restent toujours en retrait.

Pour de telles raisons, les parties à venir seront traitées avec beaucoup plus de détails que celles qui ont précédé ; avec rien de tel que les détails d' une ethnologie *minutieuse* , mais toujours lentement et soigneusement.

Tout ce qui reste à étudier est séparé de la zone déjà épuisée par cette ligne de montagnes qui s'étend des collines de Garo, au nord-est du Bengale, jusqu'à l'embouchure du Kouban dans la mer Noire. Viennent d'abord l'Himalaya oriental, qui, grosso modo, peut être considéré comme séparant les royaumes indiens et leurs dépendances de l'empire chinois. Ils ne le font pas exactement, mais ils le font d'assez près pour le présent propos.

On peut aussi dire qu'ils divisent, de la même manière, les nations hindoues de celles de conformation plus typiquement mongole.

On peut aussi dire qu'ils séparent, de la même manière, les langues indiennes des langues monosyllabiques.

Du côté *nord* de cette chaîne, des langues sans aucun doute monosyllabiques sont parlées aussi loin à l'ouest que le Petit Tibet. Au *sud* , les caractéristiques hindoues sont nombreuses et incontestables jusqu'au *Cachemire* .

Vient ensuite un changement. Au nord et à l'ouest du Cachemire se trouve un *Kohistan* , ou *pays montagneux* , qu'il faudra bientôt décrire en détail. Cependant, la ligne sur laquelle nous travaillons actuellement est celle de la limite nord de la vallée de la rivière Kaboul , des montagnes entre Cabul et Herat, et du prolongement de la même crête depuis Herat jusqu'à l'angle sud-est de la frontière. Caspienne. Au *nord* , nous avons, grosso modo, les Turcs ouzbeks et turkmènes ; au sud, les Afghans et les Perses proprement dits. Boukhara, cependant, est persan, et le *Kohistan* en question *n'est pas* turc, quoi qu'il en soit.

Pour continuer, cette ligne est presque parallèle à la rive sud de la Caspienne. Parmi les provinces situées au nord, Asterabad est en partie turque et en partie persane ; Mazenderan et Ghilan , persan. Depuis Ghilan, vers le nord et l'ouest, les vallées du Cyrus et de l'Araxes constituent la principale exception, mais, à l'exception de celles-ci, tout est montagne et montagnard . En effet, c'est l'Ararat et l'Arménie qui se trouvent à notre gauche, et le vaste et vague Caucase qui se dresse devant.

L'ethnologie la plus simple des parties comprises entre cette chaîne, l'aire sémitique, et la mer, est celle de la province perse du Khorasan. Avec la Perse, nous avons tellement l'habitude de lier les idées de la pompe orientale et du luxe, que nous pouvons à peine lui donner ses véritables conditions géographiques de stérilité générale. Pourtant, il s'agit en réalité d'un désert avec des oasis – un désert avec des oasis sur la plus grande partie de sa superficie. Et parmi toutes ses provinces, peu le sont plus véritablement que le Khorasan. Nous avons ici un grand plateau central surélevé ; essentiellement dépourvu de rivières; et avec peu de villes. Parmi eux, Yezd est le plus intéressant : le siège des vestiges de l'ancien culte du feu : Yezd , la ville des Parsis, plus nombreux là-bas que dans toutes les autres de Perse. Peut-être est-ce aussi le centre ethnologique de la souche persane ; puisque vers l'ouest ils s'étendent jusqu'au Kurdistan, et vers le nord-est jusqu'à Badukshan et Durwaz à la source de l'Oxus.

La frontière nord est le Turcoman, où les voleurs pasteurs des régions situées entre Boukhara et la Caspienne empiètent et ont empiété.

On les trouve aussi loin au sud que Shurukhs ; et à l'est de Shurukhs , ils sont remplacés par les Hazarehs — probablement *entièrement* , certainement *partiellement* , de sang mongol.

Abbasabad, au nord-ouest, est une colonie géorgienne. Sur la ligne entre Meshed et Herat se trouvent plusieurs colonies kurdes. Au Séistan , nous avons des Perses ; mais plus au sud se trouvent Biluch et Brahúi . Plein est, les Afghans arrivent.

Kerman est aussi persan ; et cela dans une plus grande mesure que le Khorasan. Fars est pareil ; cependant, à l'ouest du Fars, la population change et des éléments arabes apparaissent. Ils augmentent au Khouzistan ; et en Irak Arabi nous atteignons à la fois les riches alluvions du Tigre et de l'Euphrate et une frontière douteuse. Que ce soit à l'origine arabe ou perse reste un sujet de doute.

De l'Irak il faut soustraire le Laristan et les monts Baktyari , ainsi que toute la moitié nord-ouest. Hamadan est l'ancienne Ecbatana ; l'ancienne Ecbatane était médiane, mais que les Mèdes et les Perses étaient aussi étroitement alliés par le sang que nous supposons qu'ils l'étaient dans leurs lois inaltérables, n'est en aucun cas une hypothèse sûre. L'existence d'une *troisième* langue dans les inscriptions en forme de flèche attend encore une explication satisfaisante.

En revanche, Mazenderan est entièrement persan ; tout comme Ghilan Proper. Les Talish , cependant, au nord de cette province, sont peut-être d'une autre souche. Asterabad , comme indiqué ci-dessus, est une province frontalière.

Je pense qu'il y a de bonnes raisons de croire que l'Ajerbijan était, à l'origine, autre que persan.

À Balkh et à Boukhara, la population la plus âgée – mais pas nécessairement la plus âgée – semble être perse sous la direction de maîtres ouzbeks récemment immigrés. Au-delà de ces pays, les Perses réapparaissent comme population principale, *c'est-à-dire* au Badukshan et à Durwaz .

Ici s'arrête la population perse proprement dite, mais pas entièrement ni brusquement.

Trois modifications de celui-ci se produisent-

- 1. Au Biluchistan au sud-est.

- 2. Au Kurdistan à l'ouest.

- 3. En Afghanistan, à l'est.

En outre, il y a des Perses qui empiètent sur la région arménienne et caucasienne à Shirvan , Erivan et Karabagh – dans tous ces pays, ainsi qu'en Ajerbijan , je pense que cela a été intrusif.

Le Biluch . — À l'est et au sud-est des Perses proprement dits de Kerman viennent les Biluch , du Biluchistan . Il y a certainement ici un changement de type. Physiquement, le pays ressemble beaucoup au plateau de Kerman. L'Inde, cependant, est approchée ; de sorte que les Biluch sont des tribus frontalières. Dans une certaine mesure, ce sont des envahisseurs. Nous les trouvons dans le Sind, à Multan , dans les parties situées entre l'Indus et les monts Sulimani , ainsi que dans la partie médiane des monts Sulimani eux-mêmes. Ils s'appellent eux-mêmes *Usul* ou *The Pure* , terme qui implique soit un déplacement, soit un mélange des parties environnantes. Leur langue est un persan modifié (beaucoup le qualifient de *mauvais*). Philologiquement, cependant, il s'agit peut-être du dialecte le plus ancien et le plus instructif – même si je n'ai aucune raison particulière de le penser. Des traits hindous de la physionomie apparaissent désormais. Il en va de même pour les éléments sémitiques du système politique et de la constitution sociale. Nous avons des tribus, des clans et des familles ; avec divisions et sous-divisions. Nous avons une loi pénale qui nous fait penser aux Lévites. Nous avons des classes qui dédaignent les mariages mixtes ; et cela suggère l'idée de *caste* . Ensuite nous avons des habitudes pastorales comme en Mongolie. La religion, cependant, est mahométan, de sorte que s'il existe encore des vestiges du paganisme primitif, disponibles aux fins d'une classification ethnologique, ils se trouvent trop loin sous la surface pour avoir été observés.

Le capitaine Postans distingue les Biluch des Mekrani de Mekran ; mais je ne connais aucune bonne description de ce dernier peuple. Ce sont probablement des Perses de Kerman. La chaîne de collines entre Jhalawan et Sind est occupée par une famille qui n'a retenu que peu d'attention ; c'est pourtant l'un des plus importants au monde, le Brahúi.

Les Kurdes. — Une ligne tracée obliquement à travers la Perse depuis le Biloutchistan vers le nord-ouest nous amène à une autre population frontalière ; une population voisine des Arabes sémitiques de Mésopotamie et des Arméniens non placés. Ce sont des montagnards, les Kurdes du Kurdistan. Nom pour nom, ce sont les *Carduchi* des Anabase. Nom pour nom, ce sont les *Gordyæi*. Nom pour nom, ce sont probablement les *Chaldéens* et *les Khasd-im* — fait qui engendre une complication difficile, puisque les Chaldéens aux yeux de neuf écrivains sur dix — mais pas à ceux d'une aussi bonne autorité que Gesenius — sont Sémitique. La zone kurde présente des contours essentiellement irréguliers. Il est également remarquable par ses conditions physiques. Il s'agit d'une chaîne de montagnes, justement l'endroit où nous nous attendons à trouver des populations anciennes et autochtones plutôt que de nouvelles et intrusives. D'un autre côté, cependant, la forme kurde de la langue persane n'est pas remarquable par la multiplicité et la différence de ses dialectes – ce qui suggère la conclusion opposée. Les Kurdes s'étendent aussi loin au sud que la frontière nord du Fars, aussi loin au nord que l'Arménie et aussi loin à l'ouest que le cours supérieur de l' Halys . Ont-ils empiété ? C'est une question difficile. Les Arméniens sont un peuple qui a généralement cédé devant les intrus ; mais les Arabes sont plutôt des intrus que le contraire. La direction kurde est verticale, *c'est à dire* étroite plutôt que large, et du nord au sud (ou *vice versa*) plutôt que d'est en ouest (ou *vice versa*), direction assez courante lorsqu'elle coïncide avec la vallée d'un fleuve, mais rare. le long d'une chaîne de montagnes. Elle réapparaît néanmoins en Amérique du Sud, où la zone péruvienne coïncide avec celle des Andes.

Les Afghans. — La région afghane est très proche du système d'eau de la rivière Helmund . La direction dans laquelle il s'est étendu est l'est et le nord-est ; dans le premier cas, il a empiété sur l'Hindostan , dans le second sur les membres méridionaux d'une classe que l'on peut commodément appeler les Paropamisan . De cette façon (je pense) la vallée de la rivière Cabul est devenue afghane. Ses relations avec le pays Hazareh sont indéterminées. La plupart des Hazarehs ont une physionomie mongole. Certains d'entre eux sont mongols tant par leur physionomie que par leur langue. Cela indique une intrusion et un mélange – intrusion et mélange dont l'histoire nous dit qu'ils sont postérieurs à l'époque de Tamerlan. Les phénomènes évocateurs d'intrusion et de mélange sont monnaie courante et courants dans tout l'Afghanistan. Dans certains cas – comme celui des Hazarehs – c'est récent, ou postérieur à l'occupation afghane ; dans d'autres, il est ancien et antérieur.

Boukhara. — Je n'ai pas placé la division contenant les Tadjiks de Balkh, Kúnduz , Durwaz , Badukshan et Boukhara, au niveau de celle contenant les Afghans, les Kurdes et les Biluch , car je ne suis pas sûr de sa valeur. Il est cependant probable qu'il s'agisse en réalité d'une classe substantielle tout aussi distincte que n'importe laquelle des précédentes. Ici, l'intrusion a été si grande, les relations politiques ont été si séparées et la population mélangée est si hétérogène qu'on a longtemps pu se demander si les habitants de Boukhara étaient persans ou turcs. Klaproth a cependant montré qu'ils appartiennent à la première division, bien que soumis aux Turcs ouzbeks. Si tel est le cas, les Tadjiks actuels représentent les anciens Bactriens et Sogdiens, les Perses de la vallée et du système d'eau de l'Oxus. Et s'il s'agissait d'intrus ? J'ai peu de doute sur le mot *Oxus* (*Ok-sus*) représentant la même racine que le *Yak* à *Yaxsartes* (*Yak- sartes*) et le *Yaik* , nom de la rivière qui se jette dans la partie nord de la Caspienne. C'est maintenant le nom *turanien* de *la rivière* , un nom que l'on retrouve également dans les langues turque, uguari et hyperboréenne. Quoi qu'il en soit, Boukhara se situe à une frontière ethnologique.

Mais la Bactriane et la Sogdiane étaient perses à l'époque des successeurs d'Alexandre ; ils étaient persans au tout début de la période historique. Qu'il en soit ainsi. La période historique est courte et il n'y a aucune raison pour qu'une population n'empiète pas à un moment donné et ne soit pas elle-même envahie à un autre moment.

Toutes les parties énumérées et toutes les divisions sont si incontestablement persanes, que peu d'autorités compétentes nient le fait. Le mieux qui ait jamais été fait est de séparer les Afghans. Sir W. Jones a fait cela. Il insistait beaucoup sur certaines caractéristiques juives, avait la tête pleine des dix tribus et se trompait dans le vocabulaire de leurs langues. M. Norris est également enclin à les séparer, mais pour des raisons différentes. Il ne peut considérer ni la langue afghane comme indo-européenne, ni le persan comme étant autrement. Sa conclusion est vraie, si ses faits le sont. Mais et si le persan était autre qu'indo-européen ? Dans ce cas, ils sont libres de tomber tous les deux dans la même catégorie.

Mais la complexité de la population perse n'est pas totale. Il y a la division entre les *Tadjiks* et les *Iliyats* ; les premiers étaient des occupants sédentaires de villes et de villages parlant le persan, les autres des tribus pastorales ou errantes parlant les langues arabe, kurde et turque. Que le *tadjik* soit le même mot que la racine *Taoc* , dans *Taoc-ene* , une partie de l'ancien pays de Persis (aujourd'hui *Fars*), et, par conséquent, dans une localité persane prééminente, est une conjecture sûre. Cependant, la conclusion selon laquelle telle était la localité d'origine de la famille perse se heurte à de nombreuses difficultés, mais en aucun cas insurmontables. En ce qui concerne leurs relations chronologiques, on peut affirmer d'une manière générale que partout où nous avons des Tadjiks et des Iliyats ensemble, les premiers sont la population la plus âgée, les seconds la population la plus récente. Ce n'est donc pas dans aucune tribu Iliyat que nous devons rechercher une approche plus proche des aborigènes que celle que nous trouvons dans la population normale. Ils sont les analogues des Juifs et des Tsiganes de Grande-Bretagne plutôt que des Gallois : des greffes récentes plutôt que des parties de l'ancienne souche. En Afghanistan, ce n'était pas aussi clairement le cas. En fait, la conclusion était inverse.

Les antiquités et l'histoire de la Perse sont trop connues pour nécessiter plus qu'une allusion passagère. Le credo était celui de Zoroastre ; existant encore, sous une forme modifiée (peut-être corrompue, peut-être améliorée), dans la religion des Parsis modernes. La langue des Écritures zoroastriennes s'appelait Zend. Or le Zend est indo-européen – indo-européen et fortement fléchi. Les *inflexions*, cependant, dans le persan moderne sont pratiquement inexistantes ; et parmi ces quelques-uns, il n'est en aucun cas certain qu'ils soient d'origine Zend. Néanmoins, la grande majorité des mots persans modernes *sont* des Zend. Qu'est-ce que cela signifie? Cela veut dire que le philologue est en difficulté ; que la structure grammaticale pointe dans un sens et le vocabulaire dans un autre. Cette difficulté nous rencontrera à nouveau.

Inde. — Au temps d'Hérodote, et même avant, l'Inde faisait partie de l'empire perse. Pourtant l'Inde n'était pas la Perse. Ce n'était pas plus la Perse au temps de Darius que l'Angleterre aujourd'hui. Le stock indien originel était et est particulier – particulier dans ses principes fondamentaux essentiels, mais pas pur et non modifié. La grande mesure dans laquelle cette modification implique empiètement et mélange est la grande clé des neuf dixièmes des complexités de la difficile ethnologie de l'Hindostan . Que l'on considère la juxtaposition des différentes formes de langage indien, les degrés multiples de fusion entre elles, les sections et sous-sections de leurs croyances - légion par leur nom - les fragments de l' ancien paganisme, les différences de peau et de traits, ou bien l'institution de la caste, l'intrusion suivie du mélange, et du mélange à tous les degrés et sous tous les modes de manifestation, est la suggestion.

Et maintenant nous avons notre dualité, à savoir. l'élément primitif et l'élément étranger : la souche et la greffe. Rien n'est plus sûr que la greffe est venue du nord-ouest. Cela signifie-t-il nécessairement qu'il vient de Perse ? Telle est l'opinion courante ; ou, sinon de Perse, de certaines des parties de l'Inde elle-même les plus proches de la frontière perse. Il y a cependant des raisons d'affiner ce point de vue. Certaines influences étrangères à l'Inde ont pu passer *par* la Perse, sans pour autant être persanes. La preuve qu'une caractéristique particulière a été introduite en Inde *via la* Perse est une chose

: la preuve qu'elle est originaire de Perse en est une autre. Mais on les a souvent confondus.

Dans le sud de l'Inde, l'élément étranger se manifeste moins que dans le nord ; de sorte que c'est le sud de l'Inde qui présente le stock original dans sa forme la plus complète. Ses principales caractéristiques se rapportent à trois chefs : la forme physique, la croyance et la langue. En ce qui concerne le premier, l'Indien du sud est plus foncé que celui du nord : *cæteris paribus* , *c'est-à-dire* . *e.* dans des conditions externes similaires ; mais pas au point qu'un montagnard du Dekhan soit plus noir qu'un Bengali du delta du Gange. L'ascendance ou la caste influence également la couleur , et plus le sang est pur, plus la peau est claire. Puis les lèvres sont plus épaisses, le nez moins souvent aquilin, les pommettes plus saillantes et les sourcils moins réguliers au sud . La forme la plus parfaite du visage indien nous offre des traits réguliers et délicats, des sourcils arqués, un nez aquilin, un contour ovale et un teint brun clair. Tout cela est persan.

Partez-en et les comparaisons s'imposent. Si les lèvres s'épaississent et la peau noircit, on pense au Nègre ; si les pommettes ressortent et si l'œil, comme c'est parfois le cas, devient oblique, le Mongol entre dans notre pensée.

Les croyances indiennes originales sont mieux caractérisées par des aspects négatifs. Ils ne sont ni brahmaniques ni bouddhistes .

Il est préférable, pour le moment, de regrouper la langue sous la même description. Aucun homme vivant ne la considère comme *indo-européenne* .

A mesure qu'une population indienne particulière est caractérisée par ces trois marques, son origine, sa pureté et sa nature indigène deviennent plus claires — et *vice versa* . Par conséquent, ils peuvent être classés dans l'ordre de leurs signes extérieurs et visibles d'autochtonie.

Viennent d'abord – comme déjà dit – les Sudistes du Continent [35] ; et en premier parmi eux les montagnards. Dans les Ghauts orientaux, nous avons les Chenchwars , entre le Kistna et le Pennar ; à l'ouest, les Cohatars , Tudas , Curumbars , Erulars et de nombreuses autres tribus montagnardes ; tous s'accordent pour être soit des brahmanes imparfaits , soit des païens, et pour parler et parler des langues semblables aux Tamul de la côte de Coromandel ; une langue qui donne son nom à la classe et introduit le terme philologique important *tamulien* . Leur apparence physique n'est en aucun cas aussi caractéristique que leur discours et leurs croyances. Les *habitats de montagne* privilégier une légèreté du teint. De l'autre, il favorise la proéminence mongole des pommettes. Beaucoup, cependant, des Tudas ont toute la régularité du visage persan, et pourtant ils sont les plus purs parmi les purs des Indiens Tamouliens indigènes .

Dans les *plaines*, la langue est le tamulien , mais le credo est brahmanique ; un état de preuve qui s'étend aussi loin au nord que les parties autour de Chicacole à l'est et de Goa à l'ouest.

Dans le *Sud* se trouvent donc les principaux échantillons des véritables aborigènes tamouliens de l'Inde ; dont les caractéristiques ont été conservées par le simple effet de l'éloignement du point de perturbation. Cependant, la distance n'a été qu'un faible conservateur. La combinaison d'une forteresse de montagne a ajouté à son efficacité.

Dans *le centre* de l'Inde, l'une de ces garanties est compromise. Nous sommes plus près de la Perse ; et ce n'est que dans les montagnes que les éléments étrangers sont suffisamment peu considérables pour rendre le caractère tamulien de la population incontestable et indéniable. Dans le pays Mahratta et au Gondwana, les Ghonds , en Orissa les Kols , Khonds et Súrs , et au Bengale les montagnards Rajmahali sont de langue tamulienne et de croyance païenne – ou, s'ils ne sont pas païens, mais imparfaitement brahmaniques. Mais bon, ce sont tous des alpinistes. Dans les pays plus riches qui les entourent, la langue est le Mahratta, l'Udiya ou le Bengali.

Or les Mahratta, les Udiya [36] et les Bengalis ne sont *pas* sans équivoque et indéniablement Tamouliens . Ils en sont si loin qu'ils expliquent ce que signifiait la déclaration négative selon laquelle les langues tamuliennes n'étaient pas considérées comme *indo-européennes* . C'est exactement ce que les langues en question *ont* été considérées. Que ce soit à tort ou à raison n'est pas très important à l'heure actuelle. Si nous avons raison, nous avons une différence de langage comme *une preuve prima facie* – mais non aussi *concluante* – d'une différence de souche. Si c'est à tort, nous avons, dans l'existence même d'une opinion que la courtoisie commune devrait nous inciter à considérer comme raisonnable, un représentant pratique d'une différence considérable d'une sorte ou d'une autre – d'un changement des caractéristiques tamuliennes propres à quelque chose d' aussi grand dans son *degré* ressemble à une différence de *nature* . Chez les Bengalis — et dans une certaine mesure chez les deux autres populations — l'élément étranger approche de son *maximum* , ou (en changeant l'expression) l'évidence du tamulianisme est à son *minimum* . Pourtant, il n'est pas anéanti. L'apparence physique du Mahratta, au moins, est celle du véritable sud de l'Inde. Même si la langue est autre que le tamulien , les hindous du nord de l'Inde peuvent toujours être de la même souche que ceux de Mysore et de Malabar, de la même manière qu'un Cornishman est un Gallois - *c'est-à-dire* . *e.* un Britannique qui a changé sa langue maternelle pour l'anglais.

Les montagnards du nord-ouest de l'Inde sont intermédiaires entre les Khonds et les Bengalis, en ce qui concerne l'évidence de leurs affinités tamuliennes . Ici, les effets conservateurs de la distance sont quasiment nuls. Cependant, ceux des montagnes fournissent les populations suivantes : Berdars , Ramusi , Wurali , Paurias , Kulis , Bhils , Mewars , Moghis , Minas, etc. etc., parlant des langues de la même classe que le Mahratta, l'Udiya et le Bengali, mais toutes imparfaitement brahmaniques dans leur croyance.

Les autres langues importantes de l'Inde, dans la même classe que celles mentionnées en dernier lieu, sont le guzerathi du Guzerat , l' hindou d'Oude, le panjabi du Pendjab et plusieurs autres non énumérées - en partie parce qu'il n'est pas tout à fait certain de savoir comment nous devons les utiliser. placez-les [37] , en partie parce qu'ils peuvent être des sous-dialectes plutôt que des formes substantielles distinctes de discours. Ils nous emmènent jusqu'à la frontière afghane, biloutch et tibétaine.

Ces problèmes ont été réglés. Mais il y a une population, appartenant à ces mêmes régions, avec laquelle nous avons d'autres relations, le Biluchistan a été décrit ; mais pas en détail. Les Bilúch qui donnent leur nom au pays ont été signalés comme étant persans. Mais les Biluch en sont aussi peu les seuls et exclusifs habitants que les Anglais le sont de la Grande-Bretagne. Nous avons nos Gallois et les Bilúch ont leur Brahúi .

Encore une fois, la chaîne de montagnes qui forme le bassin versant occidental de l'Indus n'est pas entièrement afghane. C'est aussi Biluch . Mais ce n'est pas tout à fait Bilúch . Les Bilúch atteignent seulement un certain point vers le sud . La chaîne entre le promontoire du Cap Montze et la limite supérieure du Kutch Gundava est *Brahúi* . Il n'existe pas de mot tel que *Brahúistan* ; mais ce serait bien s'il y en avait.

Aujourd'hui, la langue des Brahúi appartient à la famille tamulienne . L'affinité n'est en aucun cas superficielle – et il est peu probable qu'elle le soit. Le dialecte tamulien le plus proche, du même côté de l'Inde, se trouve aussi loin au sud que Goa, comme il en existe plus au nord, soit au centre, soit à l'est. En supposant donc la continuité originelle, quelle a dû être l'ampleur du déplacement ; et si le déplacement a été grand, avec quelle facilité les formes de transition ont-elles pu disparaître, ou plutôt avec quelle vérité il a fallu les rencontrer une fois !

Cependant, les affinités avec les Brahúi ne sont en aucun cas superficielles. La langue est connue grâce à l'un des nombreux vocabulaires précieux de Leach. C'est à ce sujet que Lassen, un érudit au moins, a commenté. Sans le réparer, il remarqua que les chiffres ressemblaient à ceux de l'Inde du Sud. Ils le sont effectivement ; et c'est bien plus encore ; en effet, la collation de l'ensemble des vocabulaires brahúi avec les langues tamul et khond *en masse* fait que le brahúi Tamoulien .

Est-ce original ou intrusif ? Toutes les opinions – *valeat quantum* – s'opposent à ce qu'il s'agisse de la première. La solidité des montagnes dans laquelle cela se produit va dans l'autre sens.

Notre séquence est logique plutôt que géographique, *c'est-à-dire . e.* elle prend les localités et les langues dans l'ordre dans lequel elles sont soumises à l'argumentation ethnologique plutôt que selon leur contiguïté. Cela nous justifie de faire un pas audacieux, de parcourir toute la Perse et de prendre ensuite dans l'ordre le Caucase, avec toutes ses réminiscences et suggestions conventionnelles.

Les langues du Caucase appartiennent à un groupe qui, pour les raisons déjà évoquées, serait inopportunément appelé *caucasien* , mais qui peut commodément être qualifié *de dioscurien* [38] . Cela se divise en cinq divisions suivantes : 1. Les Géorgiens ; 2. le Ferôn ; 3. les Mizjeji ; 4. les Lesgiens ; et 5. les Circassiens.

1. *Les Géorgiens.* — C'est l'opinion de Rosen que la province centrale de Kartulinia , dont Tiflis est la capitale, est le siège originel de la famille géorgienne ; les principales raisons résident dans le fait que cette partie de la zone est la plus importante. Ainsi, la langue est appelée *kartulinienne* ; tandis que les provinces autour de Kartulinia sont considérées comme des ajouts ou des accessions au domaine géorgien, plutôt que comme des parties intégrantes et originales de celui-ci, ce qui fait de la province en question une sorte de *noyau* . Enfin, les noms persans et russes, *Gurg-istan* et *Gr-usia* , sous lesquels le pays est le plus connu, désignent la vallée du Kur.

Je m'oppose à tout cela. Tout ce qui en ressort est la plus grande importance politique des occupants des régions les plus favorisées du pays ; comme l'est réellement le cours médian du Kur.

Des deux rives de la ligne de partage des eaux qui sépare les fleuves de la mer Noire [39] de ceux de la Caspienne [40] , c'est la *rive occidentale* qui a le plus de prétention à être considérée comme l' *habitat originel* des Géorgiens. C'est ici que le pays est le plus montagneux et les montagnes les plus abruptes. C'est pourquoi aussi une population aurait à la fois le désir et le pouvoir de migrer vers les plaines plutôt que l' *inverse* .

Les preuves tirées des dialectes sont encore plus importantes . Le kartulinien est parlé dans plus de la moitié de la Géorgie entière : alors que, pour les parties *non* Kartulinien , on entend parler des dialectes suivants :—

- 1. Le *Souanique* , sur le cours supérieur des petites rivières entre la Mingrélie et les parties méridionales de la région circassienne : l'

Ingur , l' Okoumiskqual , etc. C'est la section la plus septentrionale de la famille géorgienne.

- 2, 3. Le *Mingrélien* et l' *Imiritien* .

- 4, 5. Les *Guriel* et *Akalzike* en Géorgie turque.

- 6. Le *lazique* . — C'est la langue des dialectes les plus occidentaux. Les collines qui forment la limite nord de la vallée du Tsorokh sont la localité Lazic ; et ici la diversité a atteint son *maximum* . Aussi petite que soit la population lazique , chaque vallée a sa variété distincte de discours.

Je crois donc que dans le Caucase central, les Géorgiens kartuliniens ont été intrusifs ; et cela est rendu probable par le caractère des populations au nord et à l'est d'eux. Entre la Géorgie et le Daghestan , nous avons, dans les parties particulièrement inaccessibles de la moitié orientale du Caucase [41] , deux nouvelles familles, différentes l'une de l'autre, différentes des Lesgiens et différentes des Circassiens.

Avec de telles raisons de croire que la direction initiale de la zone géorgienne était vers l'ouest , nous pouvons poursuivre l'enquête. Qu'ils occupaient une partie considérable de la moitié orientale de l'ancien Pont, cela ressort probablement de l'importance historique des Lazes à l'époque de Justinien, lorsqu'une guerre lazique troubla les Romains dégénérés de Constantinople. Il est possible de les transporter en toute sécurité jusqu'à Trébizonde, à l'ouest. Il est également prudent de les transporter plus loin. L'une des terminaisons géorgiennes les plus courantes est la syllabe *-pe* ou *-bi* , le signe du nombre pluriel ; circonstance qui donne à la ville de *Sino -pe* un aspect géorgien : *Sinope* près du promontoire de *Callippi* .

2. *Le Ferôn* . — Au nord-ouest de Tiflis, nous avons les villes de Duchet et de Gori, une sur le Kur lui-même et une autre sur sa rive gauche. Les montagnes au-dessus sont sous l'occupation de l' *Irôn* ou *Osetes* . En Géorgie russe, ils sont environ 28 000. Le nom *Irôn* est celui qu'ils se donnent ; *Oseti* , c'est ainsi que les Géorgiens les appellent. Leur langue contient un si grand pourcentage de mots persans ou *vice versa* , qu'il est prudent de les mettre tous deux dans la même classe. Cela a donc été fait, et bien d'autres choses encore, qui ne sont ni saines ni sûres, ont été faites en outre.

3. *Les Mizjeji* . — Juste à l'est du montagnard Irôn vient le également montagnard Mizjeji , une famille numériquement petite, mais se répartissant en divisions et subdivisions. Par conséquent, il a un droit prééminent à être considéré comme autochtone des solidités dans lesquelles il se trouve. Les

parties au nord de Telav , au nord-est de Tiflis, forment la région de Mizjeji . Elle est petite : les Circassiens la délimitaient au nord et à l'est.

4. *Les Lesgiens* du Caucase oriental ou Daghestan , après les Circassiens, la famille la plus indépendante du Caucase. Aucun ne tombe dans plusieurs divisions et subdivisions : *par exemple*

- *un.* Les *Marulan* ou *Montagnards* (de *Marul* = *montagne*) parlent une langue appelée l'Avar, dont l' Anzukh , le Tshari , l'Andi, le Kabutsh , le Dido et l'Unsoh sont des dialectes.

- *b. Le Kasikumuk .*

- *c. L' Akush .*

- *d. La Koura du Sud Daghestan .*

Les déplacements des Irôn et des Mizjeji — et compte tenu de la zone limitée de leurs occupations, ce déplacement est une déduction légitime — doivent avoir été principalement effectués par les Géorgiens seuls ; celle des Lesgiens semble se rapporter à une triple influence. Que les Talish au nord de Ghilan soient des Lesgiens qui ont changé leur langue maternelle pour le persan, est une suggestion probable de Frazer. Si cela est exact, cela fait de la province de Shirvan une partie probable de la zone lesgienne d'origine – l'empiétement ayant été effectué par les Arméniens, les Perses et les Géorgiens.

5. *Les Circassiens* occupent le Caucase du Nord, du Daghestan au Kouban ; entrant en contact avec les Slaves et les Tartares, pour les parties situées entre la mer d'Azov et la Caspienne. Comme ces deux éléments sont prééminents pour l'empiétement, le premier contact était probablement celui des membres les plus septentrionaux de la famille circassienne et des Ougriens du sud. Les divisions et subdivisions de la famille circassienne sont à la fois nombreuses et fortement marquées.

Les Arméniens. — Sauf parmi les montagnards Irôn et Mizjeji , il y a des Arméniens dans tout le Caucase russe, mêlés pour la plupart à des Géorgiens. Ce sont des voyageurs plutôt que des autochtones. À Shirvan , au Karabagh et au Karadagh , ils sont également mêlés aux Perses et aux Turcs. Dans ce cas, cependant, la population arménienne est probablement la plus âgée ; de sorte que nous nous rapprochons du noyau originel de la famille. À Erivan, il y a plus d'Arméniens qu'autre chose ; et à Kars et Erzerúm ils atteignent leur *maximum* . A Diarbekr , la frontière change et les tribus qui traversent désormais la zone arménienne sont les Arabes sémitiques et les Chaldanis de Mésopotamie, ainsi que les Kurdes perses du Kurdistan.

On a beaucoup parlé de la mesure dans laquelle la langue arménienne diffère du géorgien, compte tenu du contact géographique entre les deux. Il est vrai que les langues sont en contact *maintenant* , et c'était probablement le cas il y a 2000 ans. Mais il ne s'ensuit nullement qu'ils l'ont toujours été. Le Géorgien a empiété, l' Irôn s'est retiré ; fait qui rend probable qu'à une époque où il n'y avait pas de Géorgiens à l'est d' Imiritia , les Osétiques de Tshildir et les Arméniens de Kars se rencontrèrent sur le Haut Kur. L'inférence tirée des relations entre les langues Môn , Khô et T ' hay est répétée ici, dans la mesure où l' Irôn et l'Arménien se ressemblent plus que l'Arménien et le Géorgien. Comme mesure approximative de la ressemblance, je peux affirmer l'existence de la croyance selon laquelle les deux sont indo-européens.

Asie Mineure. — De l'Arménie, la transition se fait vers l'Asie Mineure. L'une des circonstances qui confèrent un intérêt et une importance prééminents à l'ethnologie de l'Asie Mineure est la certitude que la souche originelle est, à l'heure actuelle, soit complètement éteinte, soit modifiée et changée au point d'être devenue un problème plutôt qu'un problème . un *fait* . Il n'y a ni doute ni ombre de doute là-dessus puisque c'est dans la période historique que cette transformation s'est produite. C'est au cours de la période historique que les Turcs Osmanli, s'étendant plus immédiatement à partir de l'actuel pays du Turkestan, mais loin de la chaîne des montagnes altaïques, fondèrent le royaume de Roum sous les rois seldjoukides, et comme préalable à l'invasion et occupation partielle de l'Europe, se rendirent maîtres de tout le pays limité par la Géorgie, l'Arménie, la Mésopotamie et la Syrie à l'est et au sud, et par le Pont-Euxin, le Bosphore, la Propontide, l'Hellespont et la mer Égée à l' ouest . Depuis, quel que soit le *sang* , la langue est le turc. Ceci constitue, bien entendu, une preuve *prima facie* que la souche est également turque. Il n'y a pas non plus de raisons *très* convaincantes de l'autre côté. La physionomie est généralement décrite comme turque, ainsi que les us et coutumes.

C'est ce que nous apprend le voyageur général — et une ethnologie plus minutieuse n'a pas encore été appliquée. Quel sera le résultat, lorsqu'un test plus sévère sera appliqué, est une autre question. Il est très probable que des éléments de physionomie, des traditions et superstitions fragmentaires, des vieilles coutumes et des idiotismes particuliers dans le sens du dialecte, indiqueront un reste de la souche plus ancienne qui l'a immédiatement précédé. Dans un tel cas, la question ethnologique se complique, puisque les Turcs actuels seront alors supposés s'être mêlés *aux* indigènes plus âgés, plutôt que de les avoir remplacés *dans leur intégralité* : de sorte que les phénomènes seront plutôt ceux qui se manifestent en Angleterre (où les La proportion de celtes *plus anciens* et d'anglo-saxons *plus récents* est une question ouverte) que celles des États-Unis d'Amérique, où le sang est purement européen et où le mélange des Indiens aborigènes, s'il y en a, ne sert à rien.

Parmi les occupants de l'Asie Mineure antérieurs aux Turcs Osmanli, nous pouvons connaître les éléments, mais non les proportions qu'ils présentaient les uns par rapport aux autres.

- 1. Il y avait un élément apporté par la population grecque byzantine, elle-même éminemment mixte et hétérogène.

- 2. Il y avait un élément fourni par la population grecque plus pure de la Grèce proprement dite et des îles.

- 3. Il y avait peut-être des traces des anciennes populations grecques d' Éolie , de Doris et d'Ionie.

- 4. Il y a eu une extension de la population arménienne depuis l'est.

- 5. Du Géorgien du nord-est.

- 6. Des Sémites du sud-est.

- 7. Il y eut aussi un mélange arabe et syriaque consécutif à la propagation du mahométanisme .

- 8. Il y avait aussi des vestiges d'une population romaine proprement dite introduite à l'époque de la République et de l'Empire d'Occident, *par exemple* du genre de celle que le Consulat de Cicéron allait introduire en Cilicie.

- 9. Il y avait aussi des vestiges de la suprématie *perse* , *par exemple* d'un genre qui serait introduit lorsqu'il s'agissait d'une satrapie de Tissaphernes ou de Pharnabazus .

- 10. Enfin, il y aurait des traces des Grecs *macédoniens* ; dont l'empreinte y serait gravée pendant la période qui s'écoula entre la chute de Darius et celle d'Antiochus.

Tout cela soulève de nombreuses questions, mais ce sont des questions d'ethnologie minutieuse plutôt que générale. Cette dernière nous amène à la considération des populations de la frontière. Ici, nous trouvons-

- 1. Géorgiens.

- 2. Arméniens.

- 3. Sémites de Mésopotamie et de Syrie.

- 4. Grecs des îles Égées .

- 5. Bulgares et Turcs de Thrace.

Parmi eux, les derniers sont des intrus récents ; de sorte que la véritable ethnologie à considérer est celle de la Thrace *antique*. Malheureusement, cela est aussi obscur que celui de l'Asie Mineure elle-même.

Les Grecs de l' Égée sont *probablement* intrusifs ; les trois autres sont d'anciens occupants de leurs zones actuelles.

Or, en discutant sur les conditions offertes par cette frontière, il est légitime de supposer que chacune des populations qui y appartiennent possédait une certaine extension au-delà de ses limites actuelles, auquel cas les probabilités à priori seraient les *suivantes* :

- 1. Au nord-ouest, il y avait une extension de la population thrace.

- 2. Au nord-est, du Géorgien.

- 3. A l'est, de l'Arménien.

- 4. Au sud, du Syrien et du Mésopotamien.

Or, la population de l'Asie Mineure n'était *peut-* être qu'une simple extension des populations des frontières, une ou toutes.

Mais il se peut aussi qu'il ait été séparé et distinct de chacun d'entre eux.

Dans ce cas, une alternative nous est à nouveau proposée.

- 1. La population était peut-être *une*, tout comme celle de l'Allemagne est *une*.

- 2. La population peut avoir chuté en plusieurs, voire en de nombreuses divisions, de sorte que les soi-disant races peuvent avoir été *une*, *deux*, *trois*, *quatre* ou même plus.

En abordant ces questions, nous nous demandons d'abord quelles sont les raisons qui permettent de supposer que la population de l'Asie, unique ou subdivisée, était *particulière*, *c'est-à-dire* différente de celle des régions frontalières - Géorgie, Thrace, Arménie, Mésopotamie et Syrie ?

Ceci est immédiatement répondu par le témoignage des inscriptions lyciennes, qui prouvent que le *lycien*, au moins, avait été distinct de tout ou partie des langues énumérées.

Mais les extraits suivants d'Hérodote nous portent plus loin :

« Les Lyciens étaient originaires de Crète ; puisque, autrefois, c'étaient les Barbares qui possédaient toute la Crète. Cependant, lorsqu'il y eut en Crète un différend au sujet du royaume entre les fils d'Europe, Minos et Sarpédon, et que Minos eut le dessus dans la perturbation, il (Minos) expulsa Sarpédon lui-même et sa faction ; et ceux-ci, après leur expulsion, se rendirent dans cette partie de l'Asie qui est le pays *milyadique* . Car le pays qu'habitent aujourd'hui les Lyciens était autrefois *Milyas* ; et les *Milyæ* s'appelaient alors *Solymi* . Pendant un certain temps, Sarpédon les régna. Ils s'appelaient par le nom qu'ils avaient apporté avec eux ; et même maintenant, les Lyciens sont appelés par les nations qui habitent autour d'eux, *Termilæ* . Mais lorsque Lycus, fils de Pandion, chassé d'Athènes et, comme Sarpédon, par son frère (Égée), vint aux Termilæ sous Sarpédon, de là, au fil du temps, ils furent appelés, d'après le nom de Lycus. , Lyciens. Les usages sont en partie crétois, en partie cariens. Il y a cependant un point qui leur est propre et sur lequel ils ne sont d'accord avec aucun autre homme. Ils se nomment d'après leurs mères, et non d'après leurs pères ; de sorte que si quelqu'un est demandé par un autre *qui il est* , il se désignera comme le fils de sa mère et comptera les mères de sa mère . Encore une fois, si une femme libre épouse un esclave, les enfants sont considérés comme libres ; tandis que si un homme est même au premier rang des citoyens et prend soit une épouse étrangère, soit une concubine, les enfants sont déshonorés .

Tandis que l'Asie Mineure était conquise pour la Perse, sous le règne de Cyrus, par Harpagus , les *Cariens* ne faisaient pas grande démonstration de valeur ; à l'exception des citoyens de Pedasus . Cela donna à Harpagus des ennuis considérables ; mais, avec le temps, ils furent vaincus. Ce n'était pas le cas des Lyciens. — « Les Lyciens, tandis qu'Harpagus faisait marcher son armée vers la plaine de Xanthian, se retirèrent peu à peu devant lui et, combattant quelques-uns contre plusieurs, montrèrent de nobles actes : mais étant vaincus et repoussés sur la ville, ils se rassemblèrent dans le citadelle, leurs femmes, leurs enfants, leurs biens et leurs serviteurs. Ils mirent ensuite le feu à la citadelle pour la brûler. Ceci fait, ils prêtèrent serment solennel, et faisant une sortie, ils moururent l'épée à la main. Mais parmi les Lyciens qui s'appelaient maintenant Xanthiens, la majorité sont, à l'exception de quatre-vingts foyers, des étrangers (ἐ π ή λυδες). Ces quatre-vingts foyers (familles) étaient alors à l'écart du pays. Et c'est ainsi qu'ils se sont enfuis. C'est ainsi qu'Harpagus prit Xanthus . De la même manière, il prit Caunus . *Car les Cauniens ressemblent aux Lyciens en bien des choses.* »

Et maintenant nous avons un *deuxième* fait, le suivant, à savoir : *ce qu'étaient les Lyciens, les Cauniens l'étaient aussi* .

1. *Les Cauniens* . — D'après le témoignage spécial d'Hérodote, les Cauniens avaient deux coutumes particulières : l'une, ne faire aucune distinction entre l'âge et le sexe lors des fêtes, mais boire et se divertir en toute promiscuité ; l'autre, montrer leur mépris envers tous les dieux étrangers étrangers en marchant. en armure vers les montagnes calyndiennes , et frappant l'air avec des lances, afin de les expulser des limites du pays caunien . Pourtant les *Cauniens étaient Lyciens* .

Y avait-il d'autres nations ainsi lyciennes ? Caunien ? Lyco-Caunien ? ou Cauno -Lycien ? puisque la désignation particulière n'a pas d'importance.

Les Cariens. — La langue des Cariens et des Cauniens était la même ; puisque Hérodote écrit : Soit *la nation caunienne s'est adaptée à la langue carienne, soit le Carien s'est adapté à la langue caunienne* .

2. En revanche, le culte de l' Éponyme national était différent. *Les Lydiens et les Mysiens partagent le culte de Jupiter carien. Ceux-ci le font. Cependant, autant de nations différentes (ἔ θνος) qui sont devenues identiques dans la langue aux Cariens ne le font pas.*

Et voici une difficulté : une partie des faits relie, l'autre déconnecte les Cariens des Lyciens. La langue va dans un sens, les coutumes dans un autre.

Mais ce n'est pas la seule complication introduite par la famille *Carian* . Toute la question de leur origine est difficile, et celle de leurs affinités l'est également. C'est des îles vers le continent, plutôt que du continent vers les îles, que les Cariens se répandirent ; et ils le firent en tant que sujets de Minos et sous le nom de Lélèges . Tant que dura le système de Minos, ces lélèges cariens ne payèrent aucun tribut ; mais ils fournissaient, lorsque l'occasion l'exigeait, des navires et des marins à la place. Et ils le firent avec succès, dans la mesure où les Cariens étaient l'une des nations les plus puissantes de leur époque et, en outre, ingénieux dans leurs artifices de guerre. Parmi ces inventions, trois furent adoptées par les Grecs et reconnues comme l'invention originale des Cariens. Le premier d'entre eux était l'écusson du casque ; le second, le *dispositif* du bouclier ; le troisième, la *poignée* du bouclier. Avant que les Cariens n'introduisent ce dernier perfectionnement, le combattant accrochait son bouclier par une lanière de cuir, soit au cou, soit à l'épaule gauche. Telle fut la première étape dans l'histoire des Lélégues cariens , insulaires plutôt que continentaux, et Lélégiens plutôt que cariens. Cela dura de nombreuses années après la mort de Minos ; mais ils finirent par être entièrement chassés des îles et exclusivement limités au continent par les Doriens et les Ioniens de Grèce.

Cela relierait...

- 1. Les Cariens avec les insulaires aborigènes de la mer Égée , c'est-à-dire *les Lélèges* .

- 2. Aussi avec les Cauniens .

- 3. Aussi avec les Lyciens. Malheureusement, les preuves ne sont pas sans réserve. C'est compliqué par...

La tradition indigène. — La race carienne n'est pas insulaire, mais aborigène du continent ; portant dès les premiers temps le nom qu'elle porte aujourd'hui. Pour preuve, le culte du Jupiter carien est commun à deux autres nations, sans équivoque continentales : les *Lydiens* et les *Mysiens* . Tous les trois ont une part dans un temple à Mylasa , et chacun des trois descend de l'un des trois frères - Car, Lydus ou Mysus - les éponymes respectifs de Caria, Lydia et Mysia .

Tout cela n'est pas écrit dans le but de tirer des conclusions ; mais pour illustrer les difficultés du sujet. Il faut maintenant ajouter une nouvelle série de faits, ou plutôt deux nouveaux.

- 1. Il y a des déclarations spéciales dans les classiques selon lesquelles les langues phrygienne, arménienne et thrace étaient les mêmes.

- 2. L'une des trois langues des inscriptions en forme de flèche n'a pas encore été identifiée avec une langue existante.

Le lecteur est en possession d'un certain nombre de complications. Ils peuvent facilement être augmentés.

Au lieu de m'étendre sur eux, je suggère la doctrine suivante : -

- 1. Que, malgré certaines déclarations contradictoires, les populations de Mysie , de Lydie, de Carie et d'une partie de la Lycie étaient étroitement alliées.

- 2. Qu'une langue apparentée à l'arménien était parlée aussi loin à l'ouest que la Phrygie orientale.

- 3. Qu'une troisième population, soit soumise à la Perse, soit alliée à elle, parlait la langue des inscriptions lyciennes – correctement distinguée par M. Forbes et d'autres de l'ancien Lycien des Milyans – dont la dernière pouvait être *sémitique* .

- 4. Que la troisième langue des inscriptions en pointes de flèches, en supposant que sa localité ait été Médie, a pu marquer la frontière nord-est.

- 5. Qu'outre le grec, deux langues intrusives peuvent avoir été parlées respectivement dans les parties nord-ouest et sud-ouest, à savoir.

    o *un*. Le Thrace de la côte opposée du Bosphore.

    o *b*. Le Lelegian des îles.

Parmi eux, le premier était peut-être sarmate, tandis que le second aurait pu avoir avec les Cariens la même relation que le Malais de Sumatra avec celui des Orang Binúa de la péninsule malaise.

On peut ajouter que la similitude du nom *Thekhes* , la *montagne* d'où les 10 000 Grecs voyaient la mer, avec le Turk *Tagh* , suggère la probabilité que des empiètements turcs aient existé dès l'époque d'Artaxerxès.

Enfin — La terminaison *-der* , dans *Scaman -der* (appellation bilingue) et *Mœan -der* , indique une intrusion perse d'une date également précoce.

Parmi les gloses rassemblées par Jablonsky , aucune n'est illustrée par une langue moderne, à l'exception des suivantes :

Anglais   hache.

Lydien   *labr-ys* .

arménien *dabar.*

persan   *tawar.*

Kurde   *teper.*

Anglais   feu.

Phrygien   *pyr* .

arménien   *pur.*

afghan   *wur, ou.*

Kurde   *úr.*

Grec, etc.   π ῦ ϱ , *feu, etc.*

Anglais   chien.

Phrygien   *Kyn* .

arménien   *éviter.*

Sanskrit   *éviter.*

letton   *soleils.*

Anglais   pain.

Phrygien   *bekos* .

arménien   *khaz.*

Akouch   *kaz* .

Anglais   eau.

Phrygien   *hydôr* .

arménien   *tshur.*

Grec, etc. ὕδωρ , *eau, etc.*

Il est indéniable que ces affinités sont indo-européennes plutôt qu'autre chose, et qu'elles sont également arméniennes – une objection à plusieurs des vues exposées dans les pages précédentes que je ne souhaite pas dissimuler. Cependant, toutes les questions de ce genre sont un équilibre de difficultés contradictoires. En guise de compensation, prenons le tableau suivant, où les affinités arméniennes sont turques, dioscuriennes et sibériennes également.

Anglais	homme.
Scythe	*oior* .
Ouïghour	*euh.*
Kasan	*ir.*
Baskir	*ir.*
Nogaï	*ir.*
Tobolsk	*ir.*
Iénésien	*eri* .
Téléoute	*eri* .
Kasach	*Érin.*
Casikumuk	*ioori* .
arménien	*air.*

Le bassin versant de l'Oxus et de l'Indus. — Nous sommes dans le coin nord-est de la Perse. La montagne Púshta-Khur , comme beaucoup d'autres collines de moindre ampleur, contient les sources de deux rivières, différentes dans leurs directions : de l'Oxus qui se jette dans la mer d'Aral ; et du bras droit du Kúner , un affluent de la rivière Cabúl , elle-même membre du grand système d'eau de l'Indus. Son prolongement sud-ouest nous donne le bassin versant correspondant. C'est un point commode pour l'étude d'une classe difficile mais intéressante d'alpinistes, que l'on peut commodémont appeler *Paropamisans,* d'après l'ancien nom de l' Hindoukoush . Leurs limites nord sont les hauteurs en question. Vers le sud, ils atteignent la frontière afghane dans le Kohistan de Cabúl . Vers l'Est, ils entrent en contact avec l'Inde. Il n'y a pas de meilleur moyen de les prendre en détail que de suivre les cours d'eau et de se souvenir des bassins versants des rivières.

I. *L' Oxus*. — Aux sources mêmes de l'Oxus, et au contact des Turcs kirghizes de Pamer , vient la petite population de Wokhan , parlant une langue ni turque ni persane, du moins pas exactement perse ; et, à côté de Wokhan , Shughnan , où le dialecte (éventuellement la langue) semble changer. Roshan, à côté (le long de l'Oxus) de Shughnan , semble être dans la même catégorie. Durwaz , cependant, est simplement tadjik. Tous sont indépendants et tous mahométans.

II. *L'Indus*. -1. *L'Indus*. — Le fleuve Gilghit [42] alimente l'Indus ; deux autres affluents qui le rejoignent par l'est s'appellent le Hunz et le Burshala , Nil ou Nagar. La population de chacune de ces rivières est agricole et est, par conséquent, appelée *Dunghar* , un terme hindou, mais non indigène. Leur Rajah est indépendant ; leur religion est un mahométanisme très indifférent . Sur le Gilghit et dans les parties situées en aval de sa jonction avec les rivières Hunz et Nagar, le dialecte (peut-être la langue) semble changer et les gens sont connus sous le nom de *Dardoh* (ou Dards) et *Chilass*. *Dardoh* — les Daradæ des écrivains grecs et les Daradas des écrivains sanskrits. Ce sont aussi des mahométans imparfaits . Les Dards et les Dunghers nous transportent jusqu'au Petit Tibet (Bultistan) et aux frontières du Cachemire .

2. *Le Jhelum*. — C'est la rivière de la célèbre vallée du Cachemire — dont je considère (avec quelques hésitations) la population comme Paropamisan .

3. *Le Caboul Rivière*. — 1. *Le Kuner*. — Le bassin versant oriental du Haut Kúner est commun à la rivière Gilghit . La population est étroitement apparentée aux Dardoh et aux Dungher ; sa zone étant le Chitral supérieur et inférieur, sa langue le Chitrali, sa religion le mahométanisme chiite .

Au sud du Chitral, au *milieu* Kúner , le credo change, et nous avons les plus connus des Paropamisans , les *Kaffres* du Kafferistan , s'étendant aussi loin à l'ouest et au nord que Kunduz et Badukshan - les Kaffres , ou Infidèles, ainsi appelés par leurs voisins mahométans , parce qu'ils conservent encore leur paganisme primitif.

Or, lorsque l'on s'approche de la rivière Cabúl elle-même, dont la direction, d'ouest en est, est presque perpendiculaire au Kúner , les caractéristiques des populations Dardoh , Chitrali et Kaffre diminuent, c'est-à-dire que la zone est irrégulière, et les populations elles-mêmes sont soit partiellement isolées, soit mélangées. Ainsi, au pied des montagnes au nord de la rivière Cabúl et à l'ouest du Kúner se trouve le pays Lughmani ; la langue n'étant en aucun cas identique au Kafir, et le paganisme Kafir étant réduit à un mahométan imparfait — *némchú musulman* , ou *demi-musulman* , étant le terme appliqué aux locuteurs de la langue lugmani de la vallée du Nijrow et des régions environnantes. il.

Les vocabulaires Der, Tirhye et Pashai de Leach représentent tous des formes de discours paropamisiennes parlées par des populations petites et, plus ou moins fragmentaires.

La vallée du Lundye a, presque certainement, été, dans une période récente, Paropamisan . C'est ainsi qu'Elphinstone écrit à propos de ses principaux occupants : « Les Swatís , également appelés Deggauns , semblent être d'origine indienne. Ils possédaient autrefois un royaume s'étendant de la branche occidentale de l' Hydaspes jusqu'aux environs de Jellabahad . Ils furent progressivement confinés dans des limites plus étroites par les tribus afghanes ; et Swaut et Búnér , leurs derniers sièges, furent réduits par les Eusofzyis à la fin du XVe siècle. Ils sont encore très nombreux dans ces pays-là. Par *Indien , je crois qu'on* désigne une population semblable à celle de *Cashmeer* - je ne dis pas *destinée* . Un autre extrait nous emmène plus loin encore : — « Les Shulmauni habitaient autrefois Shulmaun , sur les rives du Korrum . Ils s'installèrent ensuite à Tíra et, à la fin du XVe siècle, ils se trouvèrent à Hustnugger , d'où ils furent expulsés par les Eusofzyes . Les anciens écrivains afghans les considèrent comme des Deggauns , mais ils semblent avoir utilisé ce mot de manière vague. Il y a encore quelques Shulmauni dans le pays d'Eusofzye qui possèdent quelques restes d'une langue particulière.

Par conséquent, les Paropamisans peuvent être considérés sans risque comme une population d'une frontière en recul, l'empiétement sur leur région ayant été afghan. C'est avec eux que finissent les populations asiatiques.

Si nous regardons maintenant le terrain parcouru, nous constaterons que la preuve que la famille humaine est originaire d'un endroit particulier et s'est diffusée de là jusqu'aux extrémités mêmes de la terre, n'est en aucun cas absolue. et concluant. Il est encore moins certain que cet endroit particulier ait été découvert. L'auteur de cet article *croit* qu'il se trouvait quelque part dans l'Asie intratropicale et qu'il s'agissait *de la seule localité d'un seul couple* , sans toutefois prétendre l'avoir prouvé. Même ce centre n'est *qu'hypothétique* — proche, en effet, du point qu'il considère comme le point de départ de la migration humaine, mais en aucun cas identique à lui. Il ne prétend pas avoir affilié les Basques et les Albanais ; mais il ne les isole pas, pour cette raison, absolument. Ils ont trop d'affinités *diverses* pour leur permettre d'être totalement seuls.

Au niveau de la conformation physique, le Hottentot présente le *maximum* de particularités. Mais le discours de ce dernier est simplement africain ; tandis que, par la forme et la couleur , les Basques et les Albanais sont européens. Une mouche est une mouche même quand on se demande comment elle est entrée dans l'ambre ; et les hommes appartiennent à l'humanité même lorsque leur origine est un mystère. Cela nous donne une composition de difficultés, et c'est en tenant compte de ce phénomène et de phénomènes similaires qu'il faut résoudre les problèmes supérieurs de l'ethnologie. Seule une vision claire et complète de la mesure dans laquelle les points de différence dans un domaine sont compensés par des points de ressemblance dans un autre, nous fournira ne serait-ce qu'une hypothèse philosophique ; tout argument *partiel* à partir de points de désaccord partiels est aussi peu scientifique qu'une surévaluation similaire des ressemblances.

Quant au détail des principales difficultés, l'auteur croit que, à contrecœur et avec beaucoup de déférence, il diffère des meilleures autorités, en faisant si peu de cas de la transition de l'Amérique à l'Asie, et d'autant de celle entre l'Europe et l'Asie. La conviction que les langues sémitiques sont simplement africaines et que toutes les théories suggérées par le terme *indo-européen* doivent être soit abandonnées, soit modifiées, est l'élément principal de son raisonnement sur ce point – raisonnement beaucoup trop élaboré pour un petit ouvrage comme le présent. Il croit également que les langues du Kafferistan , du pays de Dardoh et du nord-est de l'Afghanistan sont des transitions vers les langues monosyllabiques et celles de Perse – en d'autres termes, que le persan moderne est beaucoup plus monosyllabique qu'on ne le suppose généralement. Pourtant, même cela laisse une pause. Dans quelle mesure la langue la plus *occidentale* de cette classe peut-elle être reliée à celles de l'Europe, et dans quelle mesure la langue la plus *méridionale* a-t-elle des affinités sémitiques sont des questions qui restent à examiner et des questions semées d'embûches. Cependant, en tant que squelette du système, il estime que le présent travail est vrai dans sa totalité et en même temps pratique pour l'enquêteur. Il est certain qu'il y a beaucoup de choses dans toutes les classifications existantes qui nécessitent d'être désappris. Pour que personne ne trouve cela présomptueux, qu'il considère l'état nouveau et instable de la science, et le petit nombre des ouvriers comparé à l'étendue du domaine.

LA FIN.

NOTES DE BAS DE PAGE

[27] Depuis la rédaction de ce chapitre, la nouvelle de la mort prématurée du partisan le plus influent de la double doctrine de (*a.*) *l'unité des familles américaines entre elles* , et (*b.*) *la différence de la race américaine de tous les autres* —

Dr. Morton, de Philadelphie, m'est parvenu. Il est inutile de dire que la seconde de ces positions est, dans l'esprit de l'auteur du présent article, aussi inacceptable que la première est correcte. Il n'en sera probablement pas autrement aussi longtemps que le côté est des Montagnes Rocheuses sera aussi exclusivement étudié qu'il l'est par l'école américaine et l'école anglaise . Je n'ai guère peur que les Russes tombent dans cette erreur. C'est par cette remarque que commencent et finissent les objections contre les travaux très précieux du Dr Morton. Sa *Crania Americana* est de loin le livre le plus précieux du genre. Sa *Crania Ægyptiaca* et d'autres ouvrages mineurs, en particulier ses recherches sur *l'hybridité* , sont tous des ajouts définitifs à la science ethnologique. L'impulsion qu'il a personnellement donnée à l'étude très active de l'espèce humaine, qui a si honorablement qui caractérise ses compatriotes, est plus que ce qu'un Anglais peut exactement apprécier. Peut-être est-il le deuxième après celui donné par Gallatin ; peut-être est-il à peine le deuxième.

[28] M. Norris, par exemple, de l'Asiatic Society, a donné les raisons pour lesquelles il rattache les langues australiennes à celles des Dekhans .

[29] Tiré, avec bien d'autres choses, des tableaux de M. Brown, dans le Journal of the Asiatic Society of Bengal.

[31] Considérant le Burampúter et le Gange comme des fleuves distincts.

[32] Idéalement regroupés dans une seule classe et appelés *Hyperboréens* .

[33] La grande famille dont les *Manshús* sont les membres les plus connus.

[34] Pas nécessairement avec *plusieurs* syllabes, mais avec *plus d'une* — *hyper-mono-syllabique* .

[35] Remarquez : *pas* de l'île de Ceylan.

[36] D'Orissa.

[37] Le Cachemirien du Cachemire est dans cette situation difficile. Il n'est pas sûr de dire qu'il est hindou plutôt que persan ou paropamisan , terme qui trouvera bientôt son explication.

[38] De la ville de *Dioscurias* , dans laquelle Pline dit que les affaires se faisaient par l'intermédiaire de 130 interprètes, tant les langues et les dialectes étaient nombreux.

[39] La Phase, Tshorok , etc.

[40] Les Kur et les Aras.

[41] Les *Irôn* et *Mizjeji* .

[42] Tiré des voyages de Moorcroft dans les provinces himalayennes et de Vigne Cachemire .